児童・生徒の自己実現をめざす！

行動科学を生かした
# 集団・個別の保健指導

戸部秀之 監著・齋藤久美 ほか 著

少年写真新聞社

# 目次

はじめに ……………………………………………………………………… 4
本書の特長と使い方 ………………………………………………………… 5
ＣＤ－ＲＯＭの使い方 ……………………………………………………… 6

## 第1章　自己実現をめざす健康教育
その1　自己実現の土台づくり ……………………………………………… 8
その2　行動変容を支える「動機づけ・意欲」 …………………………… 10
その3　行動変容のための全体構造を捉える ……………………………… 12
その4　「行動変容ステージモデル」の考え方 …………………………… 16
第1章　まとめ ……………………………………………………………… 20

## 第2章　動機づけを高めるために
その1　「生きて働く知識」を高める ……………………………………… 22
その2　「腑に落ちる理解」の引き出し方 ………………………………… 28
その3　自己効力感（自信）を高める指導 ………………………………… 32
その4　プラス面を高め、マイナス面を減らす …………………………… 38
その5　自尊感情を高める …………………………………………………… 42
その6　指導の押さえどころを見定める …………………………………… 44
その7　動機づけから行動実践へ …………………………………………… 48
その8　動機づけを高めるコミュニケーション …………………………… 50
第2章　まとめ ……………………………………………………………… 54

## 第3章　行動実践のＰＤＣＡサイクル
その1　挑戦意欲を高める目標設定のこつ ………………………………… 56
その2　行動実践を開始する ………………………………………………… 58
その3　セルフモニタリングで行動を継続する …………………………… 60
その4　問題を解決し、行動をコントロールする ………………………… 64
その5　「セルフトーク」で意欲を高める ………………………………… 68
その6　「強化」で意欲を高める …………………………………………… 70
その7　行動変容を支える「社会的サポート」 …………………………… 72
その8　「振り返り」で意欲を高める ……………………………………… 74
第3章　まとめ ……………………………………………………………… 76

## 第4章　意欲を高める環境と支援
その1　子どもの動機づけを高める接し方 …………………………………… 78
その2　「無気力」を学ばせないために ……………………………………… 82
その3　「環境づくり」とヘルスプロモーション …………………………… 84
第4章　まとめ ………………………………………………………………… 88

## 実践編
実践編の構成 …………………………………………………………………… 90
実践①　セルフアイチェックでよい視生活を ……………………………… 92
実践②　「朝ごはんチャレンジ」をしよう ………………………………… 98
実践③　けがの手当のやり方を覚えよう ………………………………… 104
実践④　おなかの「よい子菌」を増やして、バナナうんちを出そう！ … 110
実践⑤　むし歯・歯肉炎を治療しよう …………………………………… 118
実践⑥　コミュニケーションスキルを高める性に関する指導 ………… 124
実践⑦　中学生のインターネット依存の予防 …………………………… 132
実践⑧　自己効力感を高めるリラクセーション「呼吸法」 …………… 140
実践⑨　チームを守り、育てよう ………………………………………… 148
実践⑩　けがや故障を防ぐセルフケア …………………………………… 154
実践⑪　高校生のスマートフォン使用の問題を考えよう ……………… 162
実践⑫　「SLEEP DIARY」で生活習慣を振り返る ……………………… 170

おわりに ……………………………………………………………………… 181
索引 …………………………………………………………………………… 182
著者紹介 ……………………………………………………………………… 184

# はじめに

　子どもたちは学校や家庭、地域においてさまざまな学びをしながら夢や目標を見つけ、意欲と努力を継続しながら自分の可能性に向けて力を高めていきます。子どもたちが自己実現をすることは私たち大人の共通の願いです。

　各学校では保健学習や集団・個別の保健指導など、学校教育全体を通じて健康教育が展開され、子どもたちの健康的な生活行動の形成に大きく貢献しています。健康で健やかに発育発達することは自己実現の土台であり、健康教育はまさに自己実現の土台づくりといえるものです。しかし、「なかなか行動変容につながらない」という悩みの声が聞こえてくることも少なくありません。

　前書『行動科学を生かした保健の授業づくり』（少年写真新聞社,2011）で行動変容を促す多様な考え方を取り入れた授業づくりを紹介したところ、大変大きな反響をいただき、さらに集団や個別の保健指導にも生かせる考え方や実践例も知りたいという多くの要望をいただきました。そのような声にお応えすべく、行動科学の考え方やテクニックを生かした健康教育の第二弾として、集団・個別の保健指導について提案させていただく運びとなりました。本書には次のような特徴があります。

　まず、健康行動や動機づけの多様な理論やテクニックなどを学校の保健指導にいかに柔軟に散りばめるかを重視し、各種理論の重要なポイントを大胆に融合し、一つの図式として紹介しました。「理論」というと敷居が高く感じられる方にも、日頃の実践を思い浮かべながら「なるほど！」と腑に落ちる内容と感じていただけるかと思います。

　次に、経験豊かな養護教諭の魅力ある実践例をふんだんに紹介している点です。生活習慣や性に関する指導、歯科保健など、すでに多くの学校で取り組まれているテーマでは、プラスアルファのエッセンスを見つけていただけると思います。また、インターネットやスマートフォンへの依存、スポーツ傷害など、今後さらに注目されるであろうテーマについては、先進的な取り組みとして参考にしていただけると思います。これから保健指導に取り組もうとされている方はまねをすることから始めてください。ちょっとした工夫で行動科学の考え方を取り入れることができ、意欲が高まる子どもの姿に励まされることと思います。

　読者の皆様に「これならできそう」と感じていただくことが、私たち著者の望みです。本書が、子どもが変わり先生も楽しめる保健指導の一助になればと願っております。

戸部　秀之

埼玉大学教授の戸部　秀之（とべ　ひでゆき）です。
前半の1〜4章の執筆と「実践編」の監修をしています。

## 本書の特長と使い方

本書の前半（8～88ページ）では、児童生徒に保健指導の中で行動変容を促すポイントを示し、最新の行動科学を取り入れながら、1～4章に分けて解説しています。

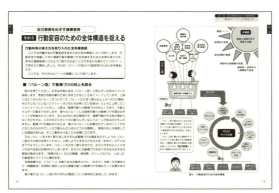

後半の実践編（92～180ページ）では、前半で解説したポイントを生かした12本の実践を紹介しています。
指導の概要、使用するワークシートや資料、実践の流れの順に紹介し、最後に前半で示したポイントがどのように生かされているかを解説しています。

指導の概要
使用するワークシート・資料

実践の流れ

行動変容に結びつけるポイント

## ■ＣＤ－ＲＯＭの使い方

「実践編」に掲載されているワークシートと一部の掲示・指導資料をＰＤＦデータでＣＤ－ＲＯＭに収めています。

●動作環境は以下の通りです
・Windows 7 以降または Mac OS X 10.8 以降
・ＣＤ－ＲＯＭドライブ必須
・あらかじめパソコンに Adobe Reader（無料）がインストールされている必要があります。

●ＣＤ－ＲＯＭは以下のフォルダ、ファイルで構成されています。フォルダ名の最初の数字は実践の番号を示しています（01_selfeye →実践①のワークシート・指導資料を収録）。

```
├─ 01_selfeye
├─ 02_asagohan
├─ 03_teate
├─ 04_banana
├─ 05_mushiba
├─ 06_communication
├─ 07_internet
├─ 08_relax
├─ 09_team
├─ 10_selfcare
├─ 11_smartphone
├─ 12_sleep
└─ read_me.pdf
```

●フォルダをクリックすると、実践編の「使用するワークシート・資料」に掲載されているワークシートや資料のＰＤＦファイルと、内容が書き換えられるファイル（Word、Excel、PowerPoint のいずれかのファイル）が収録されています。

●ファイル名は①～⑫の実践の「使用するワークシート・資料」に掲載されているファイル名に対応しています。

●ＰＤＦファイルを使用することを推奨しますが、書き換えたい部分がある場合は、書き換えられる形式のファイルをご利用ください。

●書き換えられる形式のファイルは、児童向けのものでもルビが入っていないものがあります。また、使用するＯＳやアプリケーションのバージョンによって、レイアウトが崩れることがあります。文字や枠の大きさなどを調整してご利用ください。

Windows、Word、Excel、PowerPoint は Microsoft Corporation の米国その他の国における登録商標または商標です。
Mac OS X は米国やその他の国で登録された Apple Inc. の商標または登録商標です。
Adobe Reder は、Adobe Systems Incorpated（アドビシステムズ社）の米国ならびにその他の国における商標または登録商標です。

# 第1章
# 自己実現をめざす健康教育

# 自己実現をめざす健康教育

## その1　自己実現の土台づくり

### 健康は教育の基盤であり、子どもの自己実現の土台である

　学校では日々教育活動が展開されています。その目的は教育基本法の第1条で述べているように「人格の完成」と「国家・社会の形成者として心身ともに健康な国民の育成」です。つまり、教育が目指すところのひとつが健康な国民の育成です。また、子どもたちが健康でなければ、学校や家庭でどんなに質の高い教育を行っても十分な成果を得ることは困難です。健康は教育の基盤でもあります。

　子どもたちの人生にとっての健康の意義を考えてみましょう。学校における健康教育はヘルスプロモーションの理念に基づいて進められており、ヘルスプロモーションに関するオタワ憲章（1986年）では、健康は生きる「目的」そのものではなく日々の生活の「資源」であると捉えています。言い換えると、健康は子どもたちが生涯にわたってよりよく生きるための土台ということができます。

　このような視点から、第1章のテーマである「自己実現をめざす健康教育」の意義を考えてみましょう。

## ■なぜ自己実現をめざすのか

　「自己実現」とはどのようなものでしょうか。カウンセリングの来談者中心療法の創始者であるカール・ロジャースによると、それは「人が自己の内に潜在している可能性を最大限に開発し実現して生きること」であり、人は目標を持ってその実現のために努力する存在であるといいます。

　また欲求段階説で有名なアブラハム・マズローによると、人は自己実現に向かって絶えず成長する生き物であり、自己実現欲求とは「自分の持つ能力や可能性を最大限発揮し具現化しようとする欲求」であるといいます。もっと成長したいという成長欲求であり、人が持つ最上位の欲求です。

　つまり、人は誰でも夢や目標を持ち、その実現に向かって自分の持つ可能性を高め、成長し続けたいと願っており、かつその願いは、人が追い求めるものの中でもっとも価値あるものであるといえます。子どもたちが夢や目標に向かって頑張っている姿こそ、私たちが出会いたい子どもの姿であり、価値ある姿といえるのではないでしょうか。ここに自己実現をめざす意義があります。

## ■自己実現に不可欠なこと

　自己実現をするにはいくつか不可欠なことがあります。まずは「かなえたい夢や目標があること」です。例えば、「学校の先生になりたい」、「部活動で全国大会に出場したい」、「授業中にもっと発表したい」、「皆から信頼される人になりたい」などといった就きたい職業や授業や部活動で実現したいことなど、さまざまです。

　私は中学生や高校生にアンケートに答えてもらうことがありますが、「夢や目標はありますか？」の質問項目には、平均して5～6割が「ある」、3割ほどが「どちらとも言えない」、1割ほどが「ない」と回答します。最近の子どもは夢を持っていないと批判的に言われることがありますが、半数以上の生徒が「ある」と答えられるのを私は立派だと思っています。一生懸命見つけようとしてもまだ見つかっていない人もいるでしょう。心からかなえたい夢や目標を見つけることは簡単なことではありません。ただし、「考えたことがない」人には、まず自分を理解することから真剣に取り組んでもらいたいと思います。

　まだなりたい自分を思い描けずにいる子どもたちへの私の提案は、「夢や目標を持って生きることを、今の夢・目標のひとつにしよう」というものです。本当にかなえたい夢を見つけるためには、自分自身を理解し、友達や周囲の人々の考えや価値観を知り、社会を知り、知識を蓄え、さらに自分自身を深く見つめる必要があります。夢や目標を持ち、「なりたい自分」（理想の自己像）を思い描くことが自己実現への第一歩です。

## ■健康教育は自己実現の土台づくり

　自己実現に不可欠なことの二つ目は、意欲と努力を継続することであり、自分自身を高める過程それ自体が自己実現といえます。

　しかし、心身の健康が優れない状態で、果たして意欲や努力を続けることはできるでしょうか。大変難しいと思います。心身の健康は、私たちがよりよく生きるための資源であり自己実現を支える土台です（図1）。健康教育を通じて児童生徒が健康を保持増進する能力を育むことは、すなわち「子どもたちの自己実現の土台づくり」であるといえます。私は、この視点を柱に置きながら健康教育を考えていきたいと思っています。

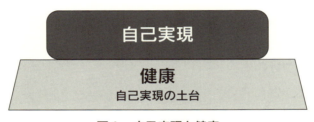

図1　自己実現と健康

## 自己実現をめざす健康教育
# その2 行動変容を支える「動機づけ・意欲」

### 「行動変容」の捉え方

　健康を維持増進し、自己実現の土台をしっかりしたものにするには、健康にプラスとなる行動（適度な運動の実施、バランスのとれた食習慣、病気の予防行動など）を実践し、健康にマイナスとなる行動（夜更かしなどの睡眠習慣、病気や事故の原因になる行動、喫煙など）を減らしていく必要があります。このように、健康によい行動パターンを身につけ、継続するプロセスを「行動変容」といいます。近年の行動科学では、行動変容を、単に目的とする行動を実践するようになることとして捉えるのではなく、心の内面（考え方や意欲）の段階的な変化を経て、望ましい行動を選択し、行動を継続していく一連の流れとして捉えるようになっています。ここでは健康教育についての大きな捉え方を考えてみたいと思います。

## ■行動変容は心の内面から始まる

　「児童生徒に保健指導をしてもなかなか行動は変わらない」という、学校の先生の悩みを聞くことがあります。しかし、子どもの心の中には変化が生じている可能性があるのではないでしょうか。心の中の動機づけの変化にも目を向けることが大切です。行動には至っていなくても、行動変容に向けた第一ステップである「動機づけ」の変化が生じているかもしれません。とりわけ、長い期間をかけて生活に染みついた生活行動を改善する場合には大きなエネルギーが必要です。動機づけには、行動を開始する機能、行動を維持する機能、有効に行動ができるように、やり方、目標、環境、体調などを効果的に調整する機能、動機づけをさらに高める機能があります。動機づけがエネルギーを生み出し、行動変容の原動力となります（図2）。

- 行動の開始
- 行動の維持
- 行動実践の効果的な調整
- さらなる動機づけの向上

**行動変容の原動力になる**

図2　動機づけの機能

子どもの行動変容を促す際には、発育発達の途上にあることを念頭に置くことも大切です。例えば、「偏食」はマイナスな習慣と捉えられがちですが、「よりよい発育に向けて野菜を食べる習慣を形成している途中である」と捉えなおすと前向きでプラスの方向性を持つ行動変容になります。一般に、行動変容には努力が必要ですが、子どもは自分の成長や進歩につながる努力に対しては高い意義を感じます。「よりよい自分」を期待できることが動機づけにつながります。

このように子どもの行動変容を促す際には心の内面に働きかけ、動機づけの向上を図ることが大切です。

## ■健康教育で押さえたい要素

図3に示すように、健康教育を進めるにあたっては、健康を自己実現の土台として捉え、健康の保持増進に向けて動機づけを大切にしながら、子どもたちの健康に関する資質・能力の向上、そして行動変容を促していくことが大切であると考えます。これらの要素全体を押さえながら健康教育を考えたいと思います。

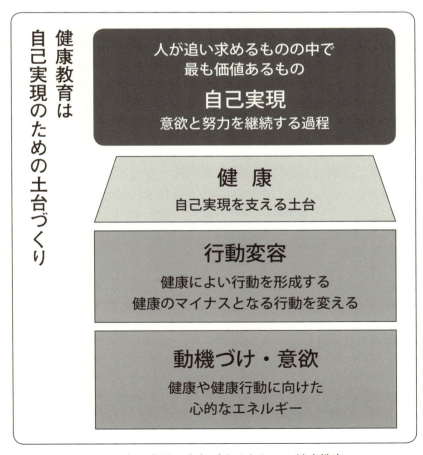

図3　自己実現の土台づくりとしての健康教育

## 自己実現をめざす健康教育

## その3 行動変容のための全体構造を捉える

**行動科学の考え方を取り入れた全体構造図**

　ここでは児童生徒の行動変容を促すための全体構造について紹介します。行動科学で発展してきた健康行動や動機づけを促進するための多様な考え方を、学校の健康教育にどのように散りばめることができるかを考えて3つのパートで構成しました。それが、13ページの図4「行動変容のための全体構造」です。
　ここでは、それぞれのパートの概要について紹介します。

### ■「バルーン図」で動機づけの向上を図る

　図4を見てください。まずは左側にある「バルーン図」と呼んでいる部分について説明します。気球が地面を離れて空に浮き上がるところをイメージしています。上部にはたくさんのバルーンがついていて、バルーンが大きく膨らむと上方への力が働き、その下に付いているバスケット（子どもたちが乗っている部分）とともに上昇していくとイメージしてください。上昇は「健康行動への動機づけの向上」であり、行動エネルギーの高まりを示します。個々のバルーンには健康行動への動機づけを高めるポイントが記載されています。主に心の中にある要因です。健康行動のやる気が高まらない子どもでは、この中のどこかに十分に膨らんでいないバルーンがあるのかもしれません。動機づけを高めるためには、個々のバルーンに記載されているポイントが子どもたちの心の中でしっかり膨らんでいるかどうかを確認し、意欲の向上を抑制している要因があれば、そこに働きかけることが必要になります。
　では、バルーンを大きく膨らましさえすれば動機づけは高まるのでしょうか。バルーン図の下の部分を見てください。上昇しようとする子どもたちを「おもり」が下に引き下げようとしています。バルーンを大きく膨らませても、おもりがそれ以上に大きければやる気は抑制されてしまいます。おもりには動機づけを低下させるさまざまな要因が含まれます。「時間がない」などの障害、負担感、ストレスなどは、しばしば、行動変容にマイナスに働きます。
　保健指導では、「バルーン」を膨らませる働きかけと、「おもり」を軽くする働きかけ（問題解決）を同時に検討しながら健康行動への動機づけを高めていく必要があります。
　第2章ではバルーン図のそれぞれの要因について具体的に説明していきます。

第1章 自己実現をめざす健康教育
その3 行動変容のための全体構造を捉える

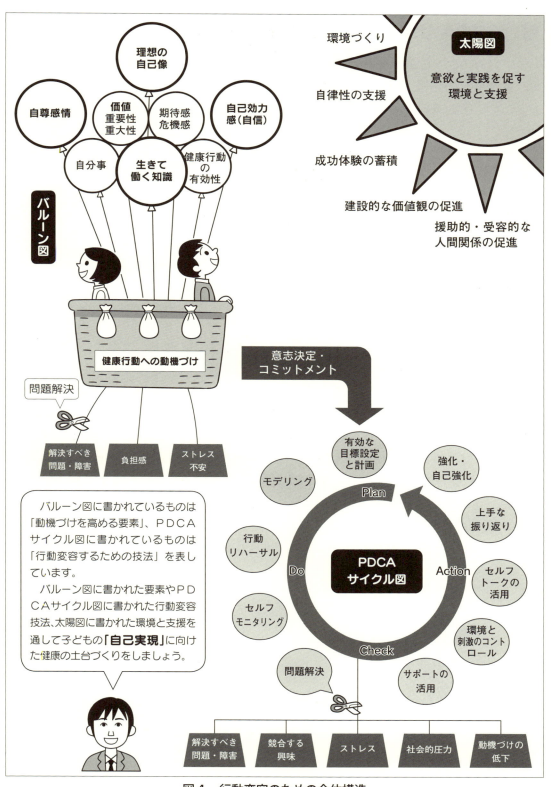

図4　行動変容のための全体構造

## ■「PDCA サイクル」で実践を継続する

　次に図4の右下にある、「PDCAサイクル図」について説明します。

　行動変容への動機づけが十分に高まると、「行動したい」という気持ちの高まりが生じます。この気持の高まりを行動へとつなげ、さらに行動を継続していく必要があります。このとき、大変重要な役割を持つのが目標設定と計画（Plan）です。健康行動を継続するためにはさまざまな工夫が必要です。よいやり方を考えて実践（Do）に取り組んでも、さまざまな問題に直面したり、やる気が低下したり、ほかのことに気をとられて実践できなかったりすることもあります。これらの抑制要因（おもり）を低減しながら実践を継続しなければなりません。実践の遂行状況をきちんと評価（Check）し、次への対策を検討します（Action）。このとき、前向きな気持ちや自信の向上などのよい反応が芽生えると、次のPlanに積極的に向かっていくことができます。各種の行動変容技法やスキルを上手に活用することにより、様々な問題に有効に対処しながらPDCAサイクルを進めることができます。これらの技法やスキルはさまざまな抑制要因を低減し、実践を進めるこつといえます。

　なお、PDCAサイクルについて、図4では単純な円形で示していますが、実際は図5のようにPDCAサイクルを回りながら健康行動の習慣化（頂上）に近づいていくと捉えてください。このサイクルを開始した初期は、行動変容の過程で最も努力が必要な時期です。逆戻りの恐れもあります。しかし、PDCAに繰り返し取り組むと多様なスキルや調整力が身につき、問題解決が進み、自信も高まり、実践の継続に必要な努力量は徐々に小さくなっていきます。特別な努力をしなくても継続できるようになった状態、それが「健康行動の習慣化」です。さまざまな技法を活用してPDCAサイクルを上手に回していきましょう。

　第3章ではPDCAサイクルを促進するさまざまな技法とスキルについて具体例を挙げながら説明していきます。

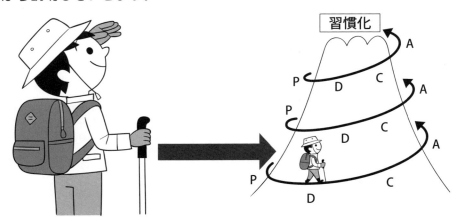

図5　実践を推進するPDCAサイクル図

# 第1章 自己実現をめざす健康教育
## その3 行動変容のための全体構造を捉える

## ■太陽図（意欲と実践を促す環境と支援）でよい環境と支援の土壌をつくる

　最後に図4の「太陽図」について紹介します。バルーン図とPDCAサイクル図に向かって、太陽から暖かい日光が降り注いでいます。「太陽図」は、前述の2つとは少々違う視点に立っています。バルーン図とPDCAサイクル図では、子どもの具体的な学びと行動実践が直接のテーマでした。それに対し、ここでは子どもを取り巻く環境の重要性をテーマとしています。制度、物、経済、風土、人など、たくさんの環境に目を配る必要がありますが、特にここでは、子どもたちにとって重要な社会的環境である、私たち大人の子どもへの関わり方を中心に取り上げています。子どもたちが建設的な価値を自分のものにしながら、よりよく生き成長することを選択し、それに向かって意欲的に取り組むようになるかどうかには、子どもが生きる社会の土壌としての、私たち大人の働きかけや関わり方が大きく影響します。近年の動機づけの考え方は、人が持つ基本的欲求を満たすように子どもに関わることの大切さを教えてくれます。また、ここではヘルスプロモーションの考え方も踏まえています。

　第4章では、動機づけの考え方を参考に、私たち大人が大切にしたいポイントを具体的に説明しています。

第1章 自己実現をめざす健康教育

## その4 「行動変容ステージモデル」の考え方

> **変容ステージを捉えて働きかける**
> 　行動変容ステージモデルは、人の健康行動がどのように形成されていくかについて明らかにしている健康行動理論であり、人の行動変容を有効に支援するには変容ステージ（行動変容に対するその人のレディネス）に応じた働きかけをすることが必要であることを教えてくれます。禁煙など大人の行動変容を中心に研究してきたJ.O.プロチャスカとC.C.ディクレメンテらによって考案された考え方です。児童生徒の健康教育や生活指導を進める際にも、たくさんの学ぶべき点があります。ここでは、この理論の考え方をわかりやすく解説しながら、指導への活用について考えます。

### ■行動変容は一定の「変容ステージ」を経て進行する

　この理論は、人が健康によい行動を身につけたり、健康のマイナスとなる行動をやめたりする行動変容は、「無関心期」、「関心期」、「準備期」、「行動期」、「維持期」という5つの変容ステージを経て進行することを明らかにしています。行動変容は無関心期から維持期に向かって一歩一歩着実に進んでいくとは限らず、むしろ進んだり戻ったりしながら進むのが一般的です。よりよくステージの進行を促すことができれば、行動変容をスムーズに進めることができます。
　各ステージの特徴は次のようになります。

**無関心期**：健康行動を行っておらず、行おうとも思っていないステージ。行動変容への動機づけはない。このステージにいる人の特徴としては、知識不足から自分の問題が見えておらず、行動変容の必要性を感じていない、必要性を認めない、行動変容をあきらめている、など。

**関心期**：健康行動を行う方がよいと思ってはいるものの、「始めよう」という意欲には至っていないステージ。行動変容への動機づけは十分ではない。このステージにいる人の特徴としては、問題をある程度理解し、自分のこととして考え始めているものの、知識は十分でない。むしろ行動変容について、不安材料や負担感をより重く感じて行動を先送りしている。

**準備期**：「行動を始めよう！」と思い、行動変容に向けた準備や試行的な取り組みを行っているステージ。行動変容の動機づけは十分に高まっている。しかし、必ずしも行

動変容への不安が解消したわけではない。

**行動期**：十分な健康行動を取り入れ、実践しているステージ。行動変容の動機づけは十分に高い。実践の期間はまだ浅く（大人では6か月以内）、意欲と行動を継続するにはかなりの努力が必要である。意欲の低下や逆戻りを防止するために行動的な変容プロセスを用いる必要がある。

**維持期**：多くの努力をしなくても行動が継続できるようになり、日常の習慣として定着したステージ（大人では6か月以上継続している場合を指す）。行動変容が達成されたとみるが、逆戻りの可能性もあるので、逆戻りの予防を継続し、行動変容をより強固なものにする必要がある。

行動変容の具体例として、健康に向けた「よい睡眠習慣」を、行動変容ステージモデルの枠組みに当てはめたのが図6です。

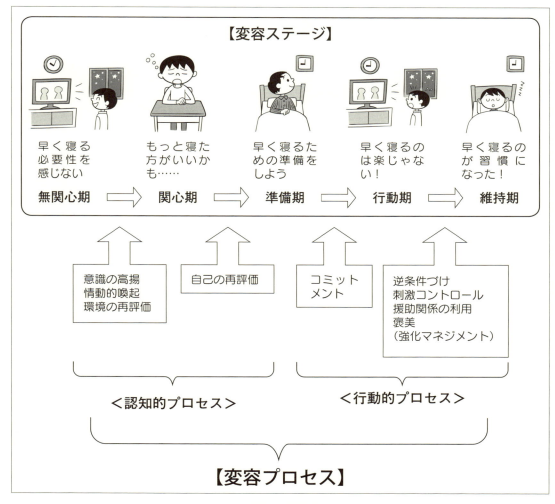

図6　睡眠を例にした行動変容ステージモデルの枠組み

## ■「変容プロセス」がステージの進行を促進する

　この理論の優れた特徴は、行動変容を進めるためには「各ステージに合った適切な『変容プロセス』を行う必要がある」ことを示している点です。変容プロセスとは、次のステージに進むために用いられる活動であり、本人の知識や思考、感情の深まりなどの心の中で生じる「認知的プロセス」と、健康行動を継続するための具体的な方策である「行動的プロセス」があります。

　まず「認知的プロセス」について紹介します。行動変容への動機づけがない、または十分でない無関心期から関心期にかけて有効な変容プロセスです。これらのステージの人には、単に「行動すること」を促してもおそらく行動変容にはつながらないでしょう。これらのステージの人には、「なぜ自分が行動を変える必要があるのか」を真剣に考え、理解し、行動変容への動機づけを確かなものにしてもらう必要があります。4つの認知的プロセス（意識の高揚、情動的喚起、環境の再評価、自己の再評価）が、次のステージに進むきっかけとなります。

### ≪4つの認知的プロセス≫

**意識の高揚（有効なステージ：無関心期）**
　自身の健康問題に関する知識が深まり、問題の重大さや健康の大切さ、行動変容の必要性についての認識が高まること。

**情動的喚起（感情体験）（有効なステージ：無関心期）**
　健康へのリスクや脅威を知り、強い感情を経験すること。
　※児童生徒では感動や憧れなどのプラスの感情も行動変容の原動力になります。

**環境の再評価（有効なステージ：無関心期）**
　自分の行動が周囲の人々にどのような影響を与えているのかについて深く考え、自覚すること。

**自己の再評価（有効なステージ：関心期）**
　行動変容が自分にもたらすメリットやデメリットについて深く考え、デメリットよりもメリットを高く評価するようになること。

　保健指導によって、児童生徒は健康課題に関して知識を深め、自分に当てはめて思考・判断していきます。その過程で、自分が直面する課題の重要性に気づき（意識の高揚）、新たに学んだ健康リスクに危機感を覚え（情動的喚起）、行動変容する意義を自分のこととして確認していきます（自己の再評価）。周囲の人との関わりの中で自分が変わることの意義について考え、強い自覚が芽生えるかもしれません（環境の再評価）。保健指導は、このような認知的プロセスを引き出す有効な場といっても過言ではありません。そのための学習活動を意図的に計画していくことが大切です。13

ページの図4では、「バルーン図」が認知的プロセスに深く関連しています。
　次に、準備期、行動期、維持期に有効なのが行動的プロセスです。その中で有効な5つの行動的プロセスを紹介します。これらのステージでは行動変容への動機づけは高くなっているため、行動を開始し、継続するための方略をたくさん活用していきます。ここでは、概要を紹介し、詳細は2～3章で解説します。

**≪5つの行動的プロセス≫**
**コミットメント（有効なステージ：準備期）**
　自らの行動変容する力を信じ、実行することを決意（意思決定）し、一歩を踏み出すこと。
**逆条件づけ（有効なステージ：行動期）**
　不健康な行動や考えを健康的な行動や考えによって置き換えること。それにより健康行動に前向きになったり、健康的な行動が増加したりする。行動変容を進めるうえで強力なプロセスである。
**刺激コントロール（有効なステージ：行動期）**
　行動を起こすきっかけになる環境や刺激を身の回りに増やし、行動を起こしにくくなる環境や刺激を減らすこと。
**援助関係の利用（有効なステージ：行動期）**
　周囲の人々との間にさまざまなサポートをしてもらえる援助関係をつくり、多様なサポートを提供してもらうこと。
**褒美（強化マネジメント）（有効なステージ：行動期）**
　目標達成したときなどに自分を褒めたり、自分に対して褒美をあげたりして行動の継続を図ること。

　これらの行動的プロセスは、行動変容のための全体構造（図4）の「行動実践のPDCAサイクル」において、行動を継続するための行動変容技法として含まれています。
　ここで紹介した種々の変容プロセスは健康課題ばかりでなく、学習やスポーツをはじめ多くの取り組みに活用できる方法です。行動変容ステージモデルは、学校教育を含む教育全般、子どもの成長全般を広く支える考え方といえるのではないでしょうか。すなわち、行動変容ステージモデルの考え方は、行動変容のための全体構造（図4）の骨格を形成している考え方なのです。

# 第1章　自己実現をめざす健康教育
# まとめ

　本章では、まず、健康教育は自己実現の土台づくりであることを確認しました。そして、本書の理論的な枠組みとなる、3つの要素からなる全体構造を紹介しました。3つの要素とは、まず、子どもたちの健康行動への動機づけをいかに高めるかを示す「バルーン図」、次に行動変容への取り組みを開始し、健康行動を継続するための具体的な技法やスキルを示す「ＰＤＣＡサイクル図」、そして、自ら学び、自ら考え、問題を解決し、行動する力を持った子どもを育てるために、私たち大人が築きたい土壌を示している「太陽図」です。これらの要素が効果的に機能することで、子どもたちの自己実現を支える指導が可能になります。

　さらに、バルーン図やＰＤＣＡサイクル図を理論的に支える健康行動理論である「行動変容ステージモデル」の考え方も紹介しました。

　次の第2章では、本章で紹介した全体構造のうち「バルーン図」に焦点を当て、それを構成する各ポイントの意義や保健指導への具体的な応用について考えていきます。

　健康的な行動を、「大切！」、「やりたい！」と心から感じられる子どもをいかに育てるか、一緒に考えていきましょう。

　キーワードは、「生きて働く知識」、「自己効力感」、「自尊感情」です。

【第1章の参考文献】

上淵寿（著）：「感情とパーソナリティ」上淵寿（編著）『キーワード動機づけ心理学』金子書房，2012

ローレンスW・グリーン，マーシャルW・クロイター（著），神馬征峰（訳）『実践ヘルスプロモーション』医学書院，2005

速水敏彦（著）『自己形成の心理』金子書房，1998

ジェイムズ・プロチャスカ，ジョン・ノークロス，カルロ・ディクレメンテ（著），中村正和（監訳）『チェンジング・フォー・グッド』，法研，2005

ベス・H・マーカス，リーアン・H・フォーサイス（著），下光輝一，中村好男，岡浩一朗（監訳）『行動科学を活かした身体活動・運動支援』大修館書店，2006

松本千明（著）『医療・保健スタッフのための健康行動理論の基礎』医歯薬出版，2002

# 第2章
# 動機づけを高めるために

バルーン図（13ページ図4より）

動機づけを高めるために

## その1 「生きて働く知識」を高める

**健康行動への動機づけを高める知識**

　児童生徒が自ら直面している健康問題の解決に向けて行動変容に取り組んだり、よりよい発育発達をめざして生活習慣の見直しに取り組んだりできるようになるためには、当該の課題についての正しい知識を得ることが必要です。
　しかし、知識を学び、理解しさえすれば、意欲的に健康行動に取り組むようになるかというと、必ずしもそうとは限りません。児童生徒が意欲的に健康行動に取り組むようになるためには、正しい知識を学びながら、特に押さえたいポイントがあるのです。ここでは、児童生徒が健康行動に高い動機づけを持つための「生きて働く知識」について考えます。

### ■動機づけを高めるために押さえたいポイント

　健康行動に向けた児童生徒の動機づけを高める際には、健康や健康行動に関する知識はきわめて重要です。例えば、インフルエンザの予防について児童生徒の予防行動へのやる気を高めるには、どのような病気なのか、どのように感染するのか（感染経路）、どのようにしたら予防ができるのかなどについて、発達段階に応じた知識を身につけることが必要です。その際、児童生徒の健康への価値観を高め、健康行動への動機づけを高めるために次の4つのポイントを押さえる必要があります。
　まず、自分に健康問題が発生する可能性（感染症にかかる可能性など）をどう考えるかということです。つまり、「自分には関係ない」と思っている人は興味がわかず予防行動をとりませんが、「自分もかかるかもしれない」と思っている人は意識が高まって積極的に行動する傾向があります。児童生徒の中には学んだ知識を自分のことに当てはめて考えられないため、行動意欲につながらないことがあります。これが、ポイント1「自分事」（として捉える）で、行動変容のスタート地点といえます（図7）。

図7　「自分事」の意識の違いと意欲

ポイント2は価値観への働きかけです。健康について「重要である」、あるいはその裏返しとして健康問題（疾病やけが、健康状態の低下につながる問題）を「重大である」と感じられるような価値観を育むことは健康教育の重要な役割です。子どもたちは「健康は大切です」と言うかもしれませんが、好きな活動（遅い時間に放送されるテレビ番組を見たり、遅くまでゲームをしたりすることなど）をがまんしてまで手に入れたいものではないかもしれません。行動変容に積極的に向かおうとする高い価値観を育むことが重要です。「なるほど！」と腑に落ちる知識を得たり体験をしたりしたときに、人の価値観や考え方は瞬時に変わることがあります（図8）。

先生の話　　　　友だちとの　　　　高齢者体験
　　　　　ブレインストーミング

**図8　腑に落ちる知識や体験の例**

ポイント3は「期待感・危機感」です。学んだ知識が歯車のように関連し合って「自分事」（ポイント1）と「価値（重要性、重大性）」（ポイント2）がともに満たされることによって芽生えてきます。健康行動を行えばきっと自分にとって価値ある結果が得られるという見通しが「期待感」です。その裏返しで、健康行動を行わなければ、自分にとって好ましくない結果が生じるだろうと感じるのが「危機感」です。価値観に基づいた欲求や感情が反映されており、行動への動機づけと行動エネルギーの高まりに直結する要素です。

また、後で述べる「自尊感情」（42ページ）と深く関わっています。

危機感は恐怖を喚起することとは異なり、正しい知識と価値観に基づいた本人へのリスクに対する評価です。単に感情的に強い恐怖を喚起すると、人はもはや冷静な判断ができなくなり、問題から目をそらしたり、動けなくなったりしてしまうので、注意が必要です。

ポイント4は健康行動の「有効性」に目を向けることです。どんなに高い期待感や危機感を持っていても、健康行動を有効な対処方法として感じられなければ実践されることはないでしょう。「有効である」と感じられるには、そのための知識が必要となります。それは、疾病予防のメカニズムかもしれませんし、身近な事例かもしれませんが、一連の知識の中に組織的に組み込まれる必要があります。なお、健康行動の実施には、後で述べる「自己効力感」（32ページ）が深く関わっています。

ポイント1～4は13ページ図4のバルーン図にも入っていますが、その中から、ポイント1～4を取り出してまとめたのが、下の図9です。

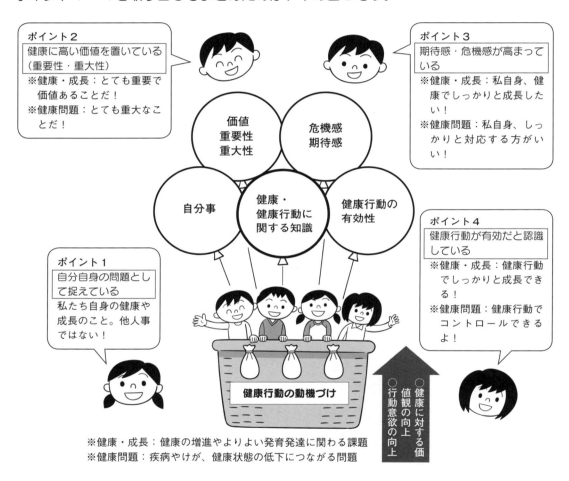

図9　ポイント1～4を取り出したバルーン図

## ■保健指導に当てはめる

もし、「自分事」「価値（重要性・重大性）」「期待感・危機感」「有効性」が十分に認識されていなかったらどうなるでしょうか。前年度にインフルエンザが流行したA中学校の例から考えてみましょう。

# 第2章 動機づけを高めるために
## その1 「生きて働く知識」を高める

　A中学校では前年度を教訓にして、地域で流行が見られたらすぐにインフルエンザ予防の保健指導ができるように、どのクラスでも共通に使えるわかりやすい指導資料を準備していました。そのため、近隣の学校で流行の兆しが見られた際に、タイミングよく学級活動を用いて担任が保健指導を行うことができました。保健指導では図10のような知識をしっかりと生徒に伝え、特に手洗いの実施を強調しました。手洗い実習も行って手洗いの実践（健康行動）を促そうとしています。これをどのクラスでもしっかりと指導を行いました。タイムリーで組織的な保健指導の展開といえます。

・インフルエンザの原因、普通のかぜとの違い
・初期症状が見られたら病院へ
・感染経路　・せきエチケットについて
・手洗いの励行と効果的な洗い方（実習）
・規則的な生活習慣の大切さ　など

図10　インフルエンザ予防の指導内容例

　ここで、前述した動機づけを高めるために押さえたい4つのポイントを当てはめると、以下の表1のようになります。

| 動機づけを高めるためのポイント |  |
| --- | --- |
| ポイント1 | インフルエンザを「自分事（自分自身の問題）」として捉えている |
| ポイント2 | 健康に高い価値を置き、インフルエンザを「重大な病気」と感じ、その予防の「重要性」を認識している |
| ポイント3 | 「期待感」（元気で過ごしたい）や「危機感」（インフルエンザに感染したくない）という欲求や願望、感情が高まっている |
| ポイント4 | 予防に向けた行動が「有効である」と考えている |

表1　インフルエンザ予防の動機づけを高めるための4つのポイント

　保健指導後、しばらくして生徒の手洗い実施状況を調べました。実施率は増えており、指導の効果が見られました。しかし、担任からは、手洗いを意欲的に行っている生徒と、やる気が見られない生徒に分かれているといった情報も聞かれました。いったいどうしてでしょうか。生徒のつぶやきを、24ページの図9のポイント1～4に当てはめたのが26ページの図11です。

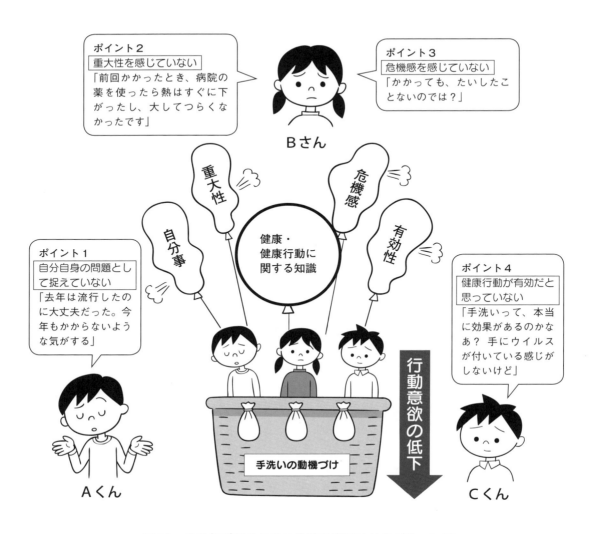

図11　やる気が見られない生徒を当てはめたバルーン図

　Aくんは、昨年の流行の中、自分はインフルエンザに感染しなかった経験をもとに「今年もかからないだろう」という見通しを持ってしまいました。「自分事」として捉えられていないため、積極的に手洗いをする意欲は高まっていません。

　Bさんは、インフルエンザを、薬によって速やかに回復する病気ととらえており、「重大性」も「危機感」も低い状態で、手洗いをする意欲が高まっていません。

　Cくんは、ウイルスが手に付くことがイメージできず、手洗いの効果に疑念を持っています。

　人は自分自身のごく限られた経験から学習をして、強い信念を形成することがあります。AくんやBさんは過去の一度の経験から、「たぶん私はインフルエンザにかからない（Aくん）」、「病院で薬をもらえばすぐによくなる病気（Bさん）」という信念を形成してしまいました。

第2章 動機づけを高めるために
その1「生きて働く知識」を高める

次の図12は、これらのポイントをしっかり押さえたときの意欲の向上を表しています。生徒のつぶやきを参考に、どのような指導を行ったか想像してみてください。「なるほど！」と腑に落ちる感覚とともに考え方が変化しています。なお、具体的な指導の工夫については、「『腑に落ちる理解』の引き出し方」（28～31ページ）に詳しく述べています。

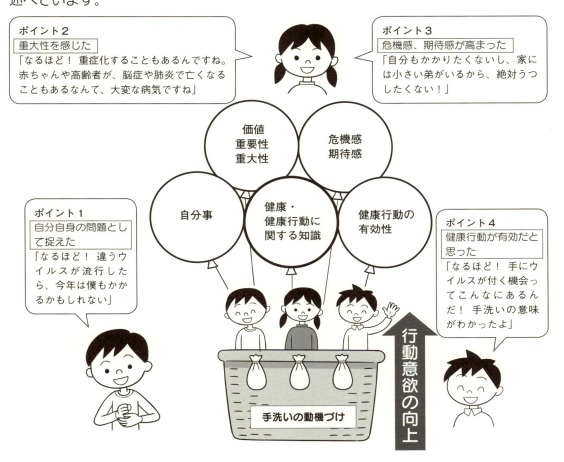

図12　ポイントを押さえた生徒を当てはめたバルーン図

学校では、授業、学校行事、個別指導、保健だより、掲示物など、さまざまな手段を用いて児童生徒や家庭に向けて健康に関する知識や情報を発信しています。これらを通して学んだ知識が歯車のようにかみ合って児童生徒の理解を高め、さらに上で示したポイントがしっかり押さえられることにより、健康行動に向けた動機づけが高まります。このとき、「なるほど！」という感覚とともに腑に落ちる理解ができるように働きかけることで、児童生徒の健康に対する価値観や考え方、動機づけはいっそう高まります。私は、児童生徒の健康に対する理解や価値観、行動意欲を高める総合的な一連の知識が歯車のように連動することの大切さを「生きて働く知識」という語を用いて強調しています。

## 動機づけを高めるために
## その2 「腑に落ちる理解」の引き出し方

### 行動変容を促す理解を求めて

「その1」では、健康課題に関する知識について「自分事」「価値（重要性・重大性）」「有効性」などを伴って腑に落ちるように理解することにより、動機づけの向上が図れることを述べました。ここでは、どのようにしたら腑に落ちる理解を引き出すことができるかについて具体例を紹介します。

### ■腑に落ちる理解とは

私たちは「なるほど！」「ストンと落ちた」「ピンときた」「目から鱗が落ちた」という表現をしばしば使います。「腑に落ちる理解」もそれらに近い感覚ですが、ここではさらに価値観や動機づけ、行動変容につながるような深い理解のことを指して用いたいと思います。そのような理解に至った児童生徒は喜びを感じ、それを表現します。そして、それが先生方の教える喜びとエネルギーにつながります。

私は、腑に落ちる理解には次の図13のような特徴があると考えています。

《 腑に落ちる理解の特徴 》
・感動や驚きなどの感覚を伴う
・理解が深まり、喜びの感覚を伴う
・知的好奇心や集中が高まる
・考え方や価値観に変化が生じる
・気づきとともに瞬時にして起こることがある

図13　腑に落ちる理解の特徴

では、どのようにしたら児童生徒の「腑に落ちる理解」を引き出すことができるのでしょうか。具体例を挙げながら考えたいと思います。

### ■腑に落ちる理解のための工夫例

ある中学校ではインフルエンザが流行してきたため、予防のために手洗いをすすめているが実施率がなかなか上昇しない。感染源やうつる道筋（感染経路）については小学6年生で学習しているが、感染に対する危機感を感じていない生徒や、手洗いの重要性や効果が腑に落ちていない生徒がいるようだ。

# 【指導例】集団保健指導での説明（一部）

インフルエンザウイルスに感染しても症状が軽いうちは、本人も周囲の人も気づかずに登校してしまうことがあります。感染した人がせきやくしゃみをすると口からウイルスを含む小さな水滴である「飛沫（ひまつ）」が飛び出します。

【発問】 せきをすると飛沫はどのくらい遠くまで飛ぶと思いますか？

答えは半径約2メートルです。このメジャーを使ってどのくらいの広さか確認しましょう（飛散する範囲を視覚や動作を用いて確認する）。教室の数か所でせきやくしゃみをしたら飛沫は教室のかなり広い範囲に広がりますね。

【発問】 その飛沫はどこに落下しますか？

《生徒の反応》 机の上、教科書やノートの上、ほかの生徒の体、かばん……。

そうですね。広範囲にわたって皆さんの机の上や体や持ち物に落下し、付着します。学校の机や教科書・ノートは、一日のうちで皆さんがもっとも頻繁に触れるものです。

【発問】 ほかにも皆さんの手にウイルスが付きやすい場所や機会がありますか？

《生徒の反応》 ドアの引き手、スイッチ、手すり、体の接触、ものを手渡すとき……。

なるほど！ さまざまな機会や場所で皆さんの手にウイルスが付着しますね。その手で口や鼻に触ったり、目をこすったりすると粘膜を通ってウイルスが体内に侵入していくのです。

【ブレインストーミング】 ウイルスを体内に入れないためにどのような対策がとれるか、グループでブレインストーミングをしましょう。

《生徒の反応》 家庭での健康観察と無理をして登校しないこと、せきエチケット、手洗いの励行、手指の消毒など……。

指導の中で手洗いの意義と有効性についてしっかり理解したうえで、下記のような児童生徒の行動実践を促す指導へと進めます。

・効果的な手洗いの方法、手洗い実習　　・目標設定とセルフチェック
・問題解決（「時間がない」などに対して）　・予防対策のキャンペーン　など

この指導における工夫をまとめると以下のようになります。
【指導例における、腑に落ちる理解を引き出す工夫】
　工夫① 具体的にイメージできるようにする。
　　学校生活の中でウイルスが自分の手指に付着する過程を具体的にイメージできるようにします。
　工夫② 科学的な知識をわかりやすく関連づけ、健康行動の意義を理解する。
　　生徒の日常生活に沿ってウイルス、飛沫感染、予防対策（手洗いなど）といった科学的な知識を関連づけ、手洗いなどの意義を理解できるようにします。
　工夫③「理にかなっている」と感じられる説明をする。
　工夫④ 五感を用いて体感する。
　工夫⑤ ブレインストーミングで思考を広げ、新たな考えに出合う。
　※工夫①～③は、指導例の流れ全体にわたって取り入れられている。

## ■その他のさまざまな工夫

上記のインフルエンザの事例で挙げたもの以外にも、さまざまな工夫があります。
○ 健康の重要性を児童生徒自身の「価値」とリンクさせる。
　児童生徒自身が「がんばりたい」「力を発揮したい」と高い価値を置いている活動と関連づけることで、健康の意義を確認しやすくします。
○ 児童生徒自身のデータを用いて価値（重要性・重大性）を示す。
　児童生徒たちの生活習慣などの実態を調査して、その分布をグラフなどで視覚的に示します。そして、生活習慣の悪化や改善に伴って健康状態が悪化や改善をする様子が実感として感じ取れるように示します。
○ 保健室から見た事例を紹介し、「自分事」として捉えさせる。
　保健室は事例の宝庫です。自校で生じていることはまさに児童生徒にとっては自分事であり、間接的な学びの機会です。「養護教諭ならでは」の教材として積極的に取り入れましょう。※個人情報には注意が必要です。

○ 見えないものを可視化して示す（可視化）。
　目で見えることは理解の大きな助けになります。例えば「ぬらした脱脂綿で手を拭いたらこんなに汚れていた。きちんと洗ったつもりなのに！ ウイルスも落ちていないかもしれない」と、一目で理解できます（図14）。

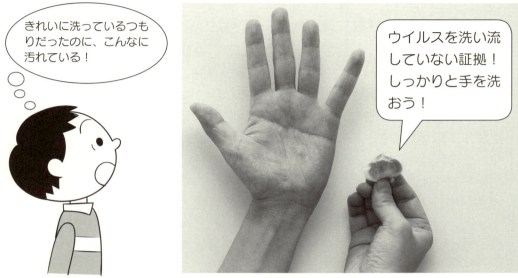

図14　可視化の例

○ 健康行動のプラス面とマイナス面を整理して考える（意思決定バランス）。
「もっと運動する方がいいのはわかっている、でもしたくない」のような両価性に陥っている場合には、健康行動のプラス面とマイナス面に分けて考えることで考え方が整理され、健康行動の重要性が腑に落ちる場合があります（図15）。

図15　運動を例にしたプラス面とマイナス面の整理

動機づけを高めるために

## その3 自己効力感（自信）を高める指導

### 人の動機づけや行動に影響する自己効力感

「○○する方がよい」、「○○したい」と思っている行動であっても、実行に移すとなるとなかなか積極的になれなかった経験を持つ人は少なくないと思います。重要で価値ある行動だと理解しているにもかかわらず、なぜ行動できないことがあるのでしょうか。子どもたちも同様で、健康や成長の価値を十分に感じ、健康行動が必要であることを理解しただけでは行動意欲が高まらないことがあるのです。この問題に対して、A. バンデューラが考案した「自己効力感」の考え方が、私たちに「なるほど」と腑に落ちる答えを与えてくれます。しかもその答えは子どもたちの健康行動を促す際の指針になる重要なポイントでもあります。

ここでは、子どもの動機づけや行動を大きく規定する「自己効力感」とはどのようなものか、どのように働きかけることができるかについて考えます。

### ■自己効力理論の考え方

自己効力感は、現在の行動科学において、健康行動のみでなく、学業、スポーツなど、人のさまざまな行動や動機づけを説明する中核となっている概念です。バンデューラは「自己効力感（効力予期）」と「結果予期」という2つの予期（人が行動に先だって持っている見通しや予測）が、人の行動変容に影響を及ぼす機能について図14のように示しています。

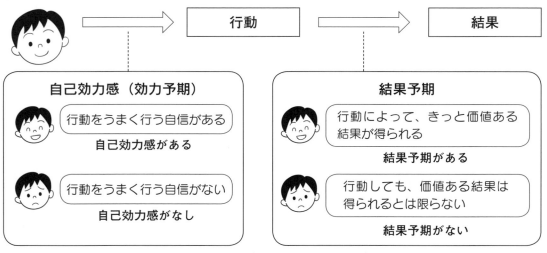

図14　2つの予期が人の行動変容に及ぼす影響

「結果予期」は、行動と結果の因果関係についての信念です。例えば、夜更かし気味な小学生Ａくんが、「もし僕が９時に寝るようになったら、きっと心も体ももっと元気になって、楽しく毎日を送ることができる」という信念を持っているなら、９時に寝る「行動」が、元気になって楽しく毎日を送ることができるという「よい結果」をもたらすという見通し（結果予期）を、Ａくんが持っていることになります。ほかにも次のような例を挙げることができます。

**結果予期の例**

○【行動】９時に寝ると⇒【結果】しっかりと成長できるだろう
○【行動】手洗い、うがいをすると⇒【結果】感染症を予防できるだろう
○【行動】丁寧にブラッシングすると⇒【結果】むし歯や歯周病を防げるだろう
○【行動】廊下を走る（走らない）⇒【結果】事故を起こしてけがをする（しない）だろう

※結果予期は、24ページの図９では、「自分事に感じ、健康行動の価値を認識し、期待感を持っている状態」ということができます。

　学校では、児童生徒が望ましい「結果予期」を獲得できるように丁寧な指導が繰り返されています。健康行動について児童生徒が結果予期を持つためには、22ページで解説した「『生きて働く知識』を高める」指導が有効です。

## ■自己効力感とは

　しかしながら、学校の先生方からは、児童生徒の中には「健康行動の大切さがわかっていながら行動できない子どもがいる」という悩みを聞くことが少なくありません。図14に示されたもう一つの予期「自己効力感」に解決へのヒントがあります。
　「自己効力感」とは、その行動をどの程度うまくできるかというその人の見通し、すなわち自信のことです。前述の小学生Ａくんについて言えば、Ａくんが「９時に寝る」行動について「できる！」という自信を持っているなら自己効力感がある状態であり、「できない」と感じているなら自己効力感がない状態です。自己効力感があれば、動機づけが高まり、行動実践が促進されます。
　人は一般に、自己効力感があることに対しては成功のシナリオを心に描いて挑戦的な目標を立て、障害や挫折に直面しても多くの努力をし、ストレスや不安に上手に対処し、自分にとって積極的な環境を選択するといわれています。このように自己効力感はよりよく行動を行うことに深く関わっています。
　一方、自己効力感がない状態では、たとえ子どもたちが健康行動の大切さをしっかり理解したとしても、行動を実践し、習慣化することが困難になってしまいます。「なかなか行動できない」子どもたちは自己効力感が十分に高まっていない、すなわち「で

きそうな気がしない」のかもしれません。このような視点から子どもの心を見つめると、異なる角度から子どもを支援することが可能になります。もし、ある子どもが健康の大切さや健康行動の必要性を十分に感じている（高い結果予期）にもかかわらず、低い自己効力感によって実行できない場合、できない自分に失望を感じたり、表情も消極的になったりする可能性がありますが、子どもと一緒に考え、「できる！」と感じられるやり方や目標レベルを見いだすことができたなら子どもの表情は明るく力強いものへと変わるはずです。

　自己効力感は変化させることができることも重要な特徴です（図15）。学校の健康教育で児童生徒に健康行動を促す際には、児童生徒の自己効力感に着目し、自己効力感を高めながら指導を進めることが大切です。

**自己効力感とは……**
「自分は、その行動をうまく行うことができる」という見通し・自信

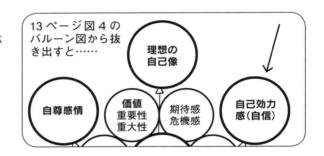

図15　自己効力感とは

## ■自己効力感を高める

　自己効力感は自然発生的に生じるものではなく、次のような情報源を参考にして個人が自己の能力を判断することで獲得するものです。また、これらの情報源に働きかけることにより自己効力感を向上させることが可能です。保健指導ではどのような工夫ができるのでしょうか。

> **自己効力感の情報源**
> ①成功体験　　　　②代理的体験
> ③言語的説得　　　④生理的・情動的状態

### ①「成功体験」に働きかけ自己効力感を向上させる

　自己効力感の最も強力な情報源として挙げられるのが「成功体験」です。つまり、実際に行動してうまくできたという経験が、「できる」と感じる情報源となります。一方で、失敗経験を繰り返すと「できない」と感じるようになります。では、どのようにしたら成功体験を蓄積することができるのでしょうか。集団や個別の保健指導で取り入れられる考え方や方法を紹介します。

★スモールステップで目標設定をする

就寝時刻が11時という夜更かし傾向の小学生に対し、一足飛びに「9時には寝ましょう」と指導するのではなく、まずは20分早めて「10時40分には布団に入りましょう」というように、まずはがんばればできそうなレベルに目標を設定して、成功を経験しながら徐々に「10時」「9時40分」……と理想目標に近づけていく方法です（図16）。
※56ページの「目標設定のこつ」が参考になります。

図16　スモールステップのイメージ

目標とする行動に向けて、やりやすい行動から段階的に近づけていく方法も有効です。9時に寝るのを実現させるためには、「夕食前に宿題を済ます」、「8時30分にはテレビを消す」、「お風呂から出たら布団に行く」などの要素があるとするなら、その中のできそうな方法からスタートし、成功体験を積みながら行動を形成していきます。シェイピング法と呼ばれる方法です。

いずれも小さな成功体験を積み上げながら自己効力感を高めていきます。一歩ずつの取り組みがうまくいったら、周囲が積極的に賞賛するとより効果的です。
※70ページの「強化・自己強化」が参考になります。

★成功を疑似体験する

疑似場面を想定し、ロールプレイや行動リハーサルを通して成功を疑似体験します。特にコミュニケーションが関わる行動では、ロールプレイで自己効力感を高めることは有効です（図17）。

図17　ロールプレイによる成功体験

★参加的モデリング
　次で紹介する「代理的経験」は、観察したり、こつを教えてもらったりする間接的な経験ですが、モデル（模範となる人）のまねをしながら一緒に行動する「参加的モデリング」を行うと、うまく実行できることが多いです。例えば、歯のブラッシングが上手な友達のやり方をよく観察しながら同じように実施することで、「こうやればいいんだ！」という腑に落ちる理解とともに、ブラッシングの自己効力感が向上します。

②「代理的経験」を通して自己効力感を向上させる
　ほかの人の行動を観察することによって、「これなら自分にもできそうだ」と感じたり、逆に人の失敗を観察して自信が弱まったりすることがあります。自分自身が直接体験したことでなくても、ほかの人の行動の観察を通して、自己効力感は変動します。

★モデルを観察する
養護教諭「サッカー部の人たち、最近膝の故障が多いけど、ストレッチやクールダウンはしっかりやっていますか？」
サッカー部員「クールダウンは少ししかやっていません。練習後は時間がなくて」（整理運動をしっかり行うことへの自己効力感は低い）
養護教諭「野球部の人たちが時間を上手に使ってストレッチしているので、一度見に行ったらどう？」
サッカー部員「今度見に行ってみます……」
サッカー部員（野球部視察中）「なるほど、ああやればいいんだね。サッカー部でもできそうだね」（自己効力感が向上）

★モデルから実践のこつを学ぶ
　同じような問題を抱えていた友達が、どのように問題を解決したのか、その方法を教えてもらう方法です。例えば、生活習慣改善の取り組みで、うまくいったこつをカードに書いて掲示し、お互いに見せ合って参考にし合うこともできます。

## ③「言語的説得」によって自己効力感を向上させる

「言語的説得」には、ほかの人からの言葉による励まし、賞賛、示唆、評価など、広い意味が含まれます。自分の言葉による自己強化や自己教示も含まれます。
※70ページの「強化・自己強化」が参考になります。

### ★言語的励まし

　難しいと感じることも、信頼する人から説得力のある励ましをもらったり、自分の能力に高い評価をもらったりすることで自己効力感が高まることがあります。「自分は評価され、認められている」と感じると自己効力感が高まります。
　児童生徒が気づいていない多様な資源に気づかせることも大切です。例えば、親や友達などのサポート（社会的サポート）といった外的な資源の存在に気づかせたり、児童生徒自身の内的な資源（努力ができる、集中ができるなど）に気づかせたり、多様な示唆や励ましが可能です。また、集団の保健指導では、子ども同士で励まし合う活動を取り入れると自己効力感が高まることがあります。

### ★自分の言葉で自分を励ます

　行動がうまくいったときや十分に努力しているときなどに、自分自身をしっかりと褒めると成功のイメージが広がり、自己効力感を高めることにつながります。

## ④「生理的・情動的状態」に働きかけ自己効力感を向上させる

　中学生BさんとCさんのケースです。
　BさんとCさんは健康のためにジョギングを始めました。
　ジョギングに対する自己効力感が低かったBさんは、「ジョギングなんてつらいだけ、と思っていたけど、やってみたら意外と爽快で、軽い疲労感が気持ちよかった。これなら今後もできそうな気がする」と、爽快さや適度な疲労感がプラスに働き、自己効力感が向上しました。Bさんは、ジョギングを楽しめるペースで走ったため、プラスの反応がフィードバックされました。
　一方、自己効力感が高かったCさんは、「ジョギングは少し自信があったけれど、走り始めてすぐに息苦しくなって、目標の距離を走りきるのがやっとでした。続けるのは思ったより難しそうです」と感じて自己効力感が低下してしまいました。少しオーバーペースだったのかもしれません。このように生理的・情動的反応は自己効力感に影響します。
　特に、子どもが負担や不安を感じる健康行動を促すときには、やり方や目標レベルを子どもと一緒に考え、プラスの生理的・情動的な反応がフィードバックされるように留意したいものです。

動機づけを高めるために

## その4 プラス面を高め、マイナス面を減らす

健康行動によって得られる「プラス面」を強く意識することは、行動変容にとって大変重要なポイントです。児童生徒が自身の価値観に合ったプラス面を期待するほど健康行動への動機づけは高まります。行動のプラス面は「pros（プロズ）」と呼ばれ、ほかにも「メリット」、「利益」、「恩恵」などと呼ばれることがあります。

一方で、学校の保健指導では注目されることが少ないのが行動の「マイナス面」です。プラス面以上にマイナス面が行動変容の成否に影響していることがあります。プラス面への期待を高めると同時に、マイナス面を上手に解決することが行動変容への近道です。

13ページ図4のバルーン図では、「理想の自己像」に向かって、知識が統合し、個々のバルーンが膨らんでいくことがプラス面の認識が高まることを意味しています。一方、マイナス面はバルーン図の「おもり」として表現されており、おもりを軽くする・無くす（問題解決を図る）ことはバルーンの上昇（動機づけの向上）にとって大変重要です。

### ■プラス面を高める指導（集団指導）

健康行動として「身体活動」、「歯みがき」、「ストレスへの適切な対処」を例に行動のプラス面の例を挙げてみます。それぞれ多様なプラス面があることに気づきます。

《身体活動のプラス面の例》

- ・体力がつく
- ・ストレスを解消できる
- ・友達ができる
- ・疲れにくい体になる
- ・楽しい、気持ちがいい
- ・病気の予防になる

など

《歯みがきをすることのプラス面の例》

- ・むし歯や歯周病を予防できる
- ・口の中が気持ちよくなる
- ・「歯みがきをしなさい」と注意されなくてすむ
- ・歯がきれいになる
- ・息が臭くならない

など

《ストレスに適切に対処することのプラス面の例》

・授業に集中できる　　　　　・人から好かれる
・親や家族との関係がよくなる　・健康的になれる
・自分をよく思える　　　　　・生活が充実する　など

　児童生徒は「生きて働く知識」（22ページ）を獲得する過程でプラス面の期待を高めていきます。その中で友達とのブレインストーミングを取り入れるといっそう効果的です。友達が多様な価値観を持っていることに気づき、その価値を自分に取り込みながらプラス面を膨らませていきます。

　例えば、次の例のように、「早起き早寝を身につけるとどんなよいことがあるか」についてブレインストーミングをします。自分の夢やなりたい自分と関連させながら意見を出すとよいでしょう（図18）。逆の視点「早起き早寝をしない（睡眠が足りない）とどんなマイナス面があるか」についても考えると、プラス面と表裏一体の行動変容する必要性に関わる意見が出てきます。

---

**ブレインストーミング**

「早起き早寝を身につけるとどんなよいことがあるかを、ブレインストーミングでたくさん見つけましょう」

集中力が高まる
学習にも体力が大切！
予習復習も十分

いつも笑顔！
イライラしない
やさしくなれそう！

運動に集中できる
体が成長し、力強くなる
疲労が回復

早起き早寝には、こんなにたくさんのプラス面があるんだね
友達の価値観を取り込みながらプラス面が広がる

---

図18　児童生徒によるブレインストーミングの例

## ■プラス面を高める指導（個別指導）

　個別指導においては、教員と児童生徒が対話をしながらプラス面を探索することができます。先生はプラス面を「教える」姿勢よりも、子どもの価値観を大切にしながら、子どもが自ら多様なプラス面に「気づく」ことができるように思考を刺激することが大切です。後述する「開かれた質問」（51ページ）を用いて子どもとともにプラス面を探索することは有効な方法です。

しかし、プラス面を膨らませようと働きかけても、プラス面から目をそらそうとする子どももいます。それはなぜでしょうか。

## ■マイナス面を低減する

健康行動に意欲的になれない子どもの中には、行動変容のプラス面を意識しながらも、同時に行動のマイナス面も強く意識し、「実践したい」と「実践したくない、実践できない」との間で動けなくなっている子どもがいます。行動のマイナス面とは具体的にどのようなものでしょうか。

「早起き早寝」を実践するには、見たいテレビ番組があってもがまんし、効率よくてきぱきと準備を済ませて寝ることが求められます。そのことに対して「早く早く」とせき立てられている感じがするかもしれません。「食べ物の好き嫌いをなくす」ためには苦手なものも口に入れる努力をしなければなりません。好き嫌いが多い子どもほど大きな努力が求められます。短い休み時間に「丁寧に手洗いをする」ことは、友達と遊んだり、おしゃべりをしたり、トイレに行く時間が短くなったりすることにもつながります。このように、健康行動を実践するには、がまん、努力、不安・ストレスなどの多様な負担が存在し、さらに時間の不足や出費、改善すべき環境、障害など問題解決を迫られることも少なくありません。このような側面は「cons（コンズ）」と呼ばれ、行動の「マイナス面」、「デメリット」、「負担」、「障害」、「コスト」などと表現されます。

プラス面とマイナス面はともに行動変容への意思決定に影響します。特に、両者のバランスは「意思決定バランス」と呼ばれます。プラス面をたくさん認識するよう働きかけながら、同時にマイナス面を低減するように積極的に働きかけることが大切です。

マイナス面は問題解決のターゲットになります。詳細は次のページで説明しますが、「特性要因図（魚の骨図）」という図を用いて、影響の大きなマイナス面を整理しながら問題解決を図っていくとよいでしょう。その結果、「たくさんの価値あるプラス面に対して、十分に軽減されたマイナス面」というプラスに傾いた意思決定バランスになることで、健康行動への意思決定が促されます。

## ■特性要因図（魚の骨図）でマイナス面の問題解決を図る

特性要因図とは問題解決の際に、問題の原因を追及し、解決策を見いだすときに用いられるツールであり、行動変容に影響する要因を明らかにし、具体的な対策を導く際に役立つ図です。品質管理の分野で用いられてきた手法ですが健康づくりにも応用できます。魚の骨に似ていることから「魚の骨図」とも呼ばれます。特性要因図を作ることによって、次のような点が整理でき、問題解決すべき要因とその方法が明確になります。

# 第2章 動機づけを高めるために
## その4 プラス面を高め、マイナス面を減らす

《特性要因図（魚の骨図）の作り方と問題解決の例》

①解決すべき問題を明確に表現し、問題点（特性）に向けて矢印を書く（矢印が背骨に当たる）。（例：インフルエンザ予防で手洗い、うがいをする子どもが少ない）

②「大骨」となる矢印を、「背骨」に向かって斜めに書き込み、ブレインストーミングなどを行いながら大きな要因を考えて書き込む（□で囲む）。さらに要因を詳細に分解し、「中骨」、「小骨」へと要因の要因を細かく具体化しながら、解決のための対策を見つけていく。

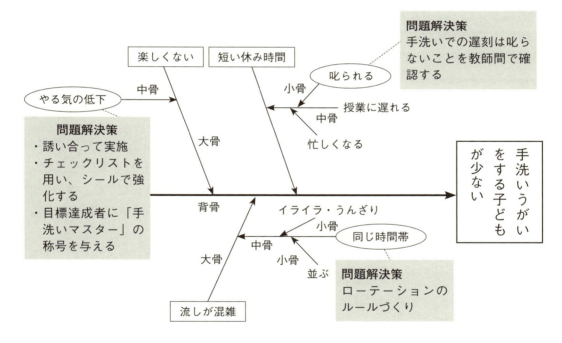

③問題解決の取り組みを実施し、評価の上、さらに再検討を行う。

特性要因図を作成することによって、特性（問題点）と要因（原因）の因果関係が整理できたり、子どもを含めた複数の人の意見から、重要な要因を導き出すことができたりと、問題解決のための具体的な対策を導き出すことができます。

動機づけを高めるために

## その5　自尊感情を高める

### 「自尊感情（self-esteem）」に裏打ちされた行動変容

　児童生徒の中には、小さな成功体験に誇らしさを感じ、その学びを蓄積しながら成長していく子どももいれば、自らの成功体験を過小評価したり、自分を卑下したりなど、学び取れるはずの貴重な経験を自分のものにすることができない子どももいます。

　このような違いには「自尊感情（self-esteem）」が関わっています。自尊感情は、子どもが自らの生活経験をどのように解釈するかに影響し、その蓄積を通して子どもの成長に大きく影響します。子どもたちが心身ともに健康に成長し、自分らしく生きていくための心理的基盤といえます。また、健康への行動変容においても、前述の「生きて働く知識」（22ページ）や「自己効力感」（32ページ）などは、自尊感情にしっかり裏打ちされながらその真価を発揮し、行動変容を確かなものにしていきます。

### ■「自尊感情」を高める意義

　自尊感情の定義にはさまざまな捉え方がありますが、ここでは2つの視点に基づいてその特徴を見ていきます。ひとつめは、「自己価値感」です。長所も短所も含めて自分自身のことをありのままに受け入れ、大切だ、かけがえのない存在だ、自分には価値があると感じる感覚をいいます。自己価値観が高い人は、自分の人生を大切にし、よりよく生き、自分自身を高めたいと感じます。

　自尊感情のもうひとつの視点は「自己有能感」で、人生の挑戦や多少の困難に直面しても自分の力で立ち向かうことができると感じ、自分の力を信頼していることです。自尊感情の高い子どもは、日常生活におけるさまざまな体験を肯定的に受け止め、成功のみでなく失敗さえもポジティブな学習の機会として学び取っていきます。それは新たな挑戦意欲と成功体験につながり、さらに自尊感情が向上するスパイラルを構成します。健康や発育発達の面でもよい価値観を身につけ、自分や他人の価値を尊重しながらお互いに高め合おうとする意欲の基盤になります。一方、自尊感情の低い子どもは失敗によって無力感をさらに強くし、新たな挑戦に不安を感じ、自己の能力への不信感から自分の能力を十分に発揮できないこともあります（図22）。子どもの危険行動（喫煙や飲酒、薬物乱用、危険性が高い性行動など）に自尊感情が深く関わっていることが明らかにされています。自分の価値観や力を信頼できず、周囲に影響され

ることが多くなると、不健康な行動を身につける可能性も高くなることでしょう。
　子どもの自尊感情を育てる取り組みは、子どもの健康と成長を支えるものであるといえます。

図22　自尊感情と健康行動、自己実現への意欲

## ■自尊感情をいかに高めるか －自己効力感を重視した働きかけ－

　では、どのようにしたら自尊感情を高められるのでしょうか。すでに自尊感情を高めるさまざまな教育プログラムが開発されていますので、ここでは日常生活における支援についての私の考えを紹介します。それは、自己効力感を重視しながら、小さな挑戦体験と小さな成功体験を繰り返し経験できるように支援することです。そこから自分自身の価値と力への信頼を一歩ずつ積み上げていくことが大切です。友達や周囲の人と一緒に体験し、共有体験ができればさらに効果が上がると思います。

　自己効力感を重視するのには意味があります。自尊感情自体に働きかけ、変化させることは大変重要ですが、長い年月と経験を経て形作られた自己認識を変えることは簡単なことではありません。一方、自己効力感の操作は難しくありません。例えば、「好きなものを、好きなだけ食べているおやつの食べ方を全体的に修正」することは「難しい（低い自己効力感）」と感じる人でも、「おやつの時間を決める」だけなら「できる（高い自己効力感）」と感じるかもしれません。価値を感じ、かつできると思えることを子どもと探し、楽しみながら挑戦し続けたいものです。たとえ小さな挑戦でも、自分のプラスになることを自らの意思で行っている誇らしさは、ほかのことにも波及していくでしょう。それに伴って自尊感情も少しずつ向上することが期待できます。

動機づけを高めるために

## その6 指導の押さえどころを見定める

### バルーン図の使い方

2章では、健康行動を促そうとする際に押さえたいポイントについて、バルーン図（13ページ図4）をもとに整理してきました。健康行動に向けて動機づけが高まらない子どもについて、押さえどころを見定める際のメニューとしてこの図を活用すると、指導のポイントがよりクリアに見えてきます。ここでは事例を用いて、実際の活用方法を確認していきます。

### ■バルーン図をもとにした指導のポイント

改めて、バルーン図のポイントを整理しておきましょう。

まず、動機づけを高める要因（バルーン図における「バルーン」）です。これらの要因のうち、十分でない要因を見定め、指導の重点ポイントとします。

☆ 【生きて働く知識】を持っている
　・健康課題に関する【知識】がある（意義、実態、予防・改善法など）
　・【自分事】として捉えている
　・【価値（重要性・重大性）】や【期待感・危機感】を感じている
　・健康行動の【有効性】を理解している
☆ 【自己効力感】を持っている
☆ 【自尊感情】を持っている
☆ 【理想の自己像】（なりたい自分）と関係づけている

次に、動機づけを低める要因（バルーン図における「おもり」）です。これらのうちから解決や低減が図れる要因を見定め、問題解決を図ります。

★ 解決すべき【問題・障害】がある
★ 健康行動の【負担感】が大きい
★ 健康行動に伴う【ストレス・不安】が大きい

次に、上記のポイントをある学校での事例に当てはめたものを紹介します。

# 第2章 動機づけを高めるために
## その6 指導の押さえどころを見定める

### 事例：ある中学校のサッカー部のケース

重要な大会まで1か月。目標達成を目指してかなりきつい練習を行っている。練習後、部員は短時間で適当にクールダウンをして、足早に帰宅する者が多い。しかし、腰痛や膝の痛みで保健室に相談に来る部員や、痛みをがまんして練習を続けている部員も増えている。養護教諭からすると、スポーツ障害を防ぐために、きちんとクールダウンやストレッチをやらせたい。その中で生徒Aは、最近膝の痛みでよく保健室に来室する。話をよく聞いて、十分なクールダウンやストレッチをするようにまずは個別に指導したい。

### Aくんの話

「スポーツ障害って言葉は聞いたことがあって、なったら嫌だなとは思います。でも、実際よく知らないし、あまり考えたことはありません。痛いけど、先輩も『多少の痛みは当たり前だ』と言っているし、自分は大丈夫な気がする。何より大会の前だからがんばらないと。それにトレーニングの後にストレッチしても、あんまり意味がないと思う。クールダウンのやり方は先生や先輩から教わったからできるけど、けっこう時間がかかるんですよ。部活が終わってくたくただし、塾もあるから時間もないし……。

バルーン図に沿ってAくんのスポーツ障害やストレッチなどについての認識を整理してみましょう。

☆【生きて働く知識】を持っているか⇒ No
　A「実際よく知らないし」⇒【知識】×（スポーツ障害の知識はない）
　A「なったら嫌だ」⇒ スポーツ障害の【価値（重大性）】○
　A「自分は大丈夫」⇒【自分事】× 、⇒【危機感】×
　A「意味がないと思う」⇒【有効性】×（ストレッチの効果に疑念）
☆【自己効力感】を持っているか⇒ Yes
　A「クールダウンのやり方は教わったからできる」⇒【自己効力感】○
☆【自尊感情】を持っているか⇒ Yes ※日々の状況からの判断
☆【理想の自己像】（大会で元気に活躍する自己）と関係づけているか⇒ No
　A「痛いけど……大会の前だからがんばらないと」「多少の痛みは当たり前」
★解決すべき【問題・障害】があるか⇒ Yes
　A「時間がかかる」「時間がない」

★ 健康行動の【負担感】【ストレス・不安】が大きいか⇒ Yes
　A「練習後はくたくた」

　まず、Aくんはスポーツ障害になりたくないという【価値（重大性）】を認識しているにもかかわらず、【知識】が不足しているために【自分事】として捉えることができていません。そのため、すでに痛みがあるにもかかわらず【危機感】がなく、クールダウンやストレッチを実施する動機づけが低い状態にとどまっています。Aくんが自分事として捉えられる知識を補うことで危機感も同時に高まることが期待できます。さらに、スポーツ障害の予防や改善に対するストレッチの【有効性】に疑念を持っていることから、ストレッチの有効性を理解できるようにする必要があるでしょう。なお、Aくんはストレッチの自己効力感は十分であり、行動変容に有利な面を持ち合わせています。

　また、練習後はくたくたで（負担感あり）、時間がない（障害あり）というマイナス面を低減する工夫が必要です。

《指導の押さえどころの例》
○**自分事として考えられるようにする**
　身近な事例として、Aくんと同じような痛みから始まり、さらに悪化し、しばらく部活動を休まざるを得なくなった先輩の事例を紹介し、自分に当てはめて考えさせる。※事例は重要な情報・知識であり、保健室は事例の宝庫です。
○**有効性を理解できるようにする**
　スポーツ障害の予防・改善にストレッチを用いている書籍を紹介したり、資料を渡したりして、有効であることを確認させる。
○**短時間でできる方法を考える（部活動として）**
　顧問の協力を得て、練習終了後に、疲労が大きい筋肉を中心に短時間でストレッチをする方法を工夫してもらう。
○**負担感の少ない方法を取り入れる**
　家で、ながらストレッチ（テレビを見ながら、音楽を聞きながら、入浴しながら）を取り入れる。

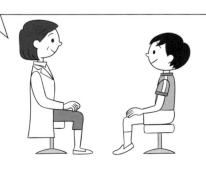

第2章 動機づけを高めるために
その6 指導の押さえどころを見定める

## ■重要性スケールと自信スケールで動機づけの高まり具合を調べる

　指導を行う中で、行動変容に向けて動機づけが十分に高まっているかどうかを知るには、次の2つの質問が役に立ちます。下線部には促したい健康行動が入ります。

【重要性スケール】あなたにとって、＿＿＿＿＿＿することはどれくらい重要ですか
【自信スケール】　あなたは、＿＿＿＿＿＿する自信がどれくらいありますか

≪回答方法例≫
その①　スケールで回答を求める
「まったく重要でない」を「0」、「とても重要である」を「10」としたら、あなたはいくつになりますか？数字に○をつけてください。

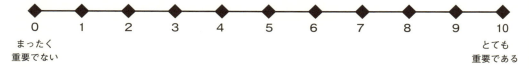

「まったく自信がない」を「0」、「とても自信がある」を「10」としたら、あなたはいくつになりますか？数字に○をつけてください。

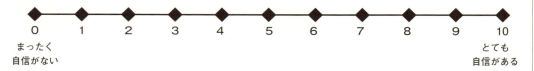

その②　4段階で回答を求める

| 「重要でない」 | 「自信がない」 |
| 「どちらかというと重要でない」 | 「どちらかというと自信がない」 |
| 「どちらかというと重要」 | 「どちらかというと自信がある」 |
| 「重要である」 | 「自信がある」 |

　促したい健康行動について児童生徒が「重要性」を高く認識していることは、すなわち、「健康問題を自分事と感じ、建設的な価値観を持ち、危機感や期待感を持っているとともに、健康行動の有効性を信じていること」を示しています。また、「自信」を高く認識していることは、自己効力感を持っていることを示しています。この2つが高い状態は行動変容の動機づけが十分に高まった状態といえます。すなわち、行動実践の準備が整ったことを示しています。もし、どちらかが低い状態であれば、再度、指導のポイントを洗い出し、強化する必要があります。

## 動機づけを高めるために

### その7 動機づけから行動実践へ

#### 行動実践へとつなげるコミットメント（行動変容への決意）

　行動への動機づけが高まったら、まさに動き出すときです。しかし、動機づけが高まったら必ず行動が始まるかというと、そうとは限りません。動機づけが高まっても、まだ、心の中に存在する負担感や不安、きっかけの不足などが行動にブレーキをかけるかもしれません。特に、負担が大きく、解決すべき障害の多い行動変容に取り組む際には、しっかりと「コミットメント」に取り組むことが必要です。コミットメントとは、行動に向けて意識を集中したり、周囲に公表したり、具体的な計画を立てたりしながら、行動実践への決意を固めることです。意志の力を高め、不安を吹き飛ばし、成功に向けて歩み出すために有効なプロセスです。ここでは、コミットメントの具体的な方法を紹介します。

　行動変容の分野では「コミットメント」という言葉はしばしば用いられますが、日本語に訳すのは難しい言葉です。あえて表現すると「行動することを強く決意し、その意思をいっそう強めること」といってよいと思います。

### ■「行動実践」への扉を開ける

　45ページに登場したサッカー部のAくんに再登場してもらいましょう。膝の痛みがあるにもかかわらず、あまり気にしておらず、練習後のクールダウンやストレッチが不十分だったAくんも、養護教諭の保健指導で意識が変わりました。

**指導後のA君のはなし**
　スポーツ障害でしばらく部活ができなくなった先輩がいるなんて初めて知りました。しかも、最初はぼくと同じ程度の痛みだったなんて。今までスポーツ障害ってどんなものか全然知らなかったです。部活をがんばりたいのに長期間休むなんて考えられないです。なるほど、ストレッチが有効なんですね。部活のストレッチだけではなくて、自分でもやらなければダメですよね。

　Aくんは、スポーツ障害を自分のこととして捉えなおし、ストレッチの重要性を理解しました。ストレッチの実施は、「部活をがんばる」理想の自己像とも一致しています。ストレッチの自己効力感はもともと高い状態です。ストレッチへの動機づけは十分といえるでしょう。

# 第2章 動機づけを高めるために
## その7 動機づけから行動実践へ

　ここで行動実践への扉を開けるための質問をすることができます。次の質問は、コミットメントを引き出す質問例です。

①**どのようなやり方でやりますか？**

　｢夕食後テレビを見るときは、必ずストレッチしながら見ます。｣

※この質問は、具体的な計画について質問しています。

②**できなくなりそうな状況は考えられますか？　そのときはどうしますか？**

　｢塾のある日はテレビを見ないことがあるし、時間もないので、ストレッチの代わりにお風呂で疲れた筋肉をマッサージします。｣

※この質問は、予想される問題状況とそのときの対処について質問しています。問題状況を予想し対処方法まで計画しておくと大変有効です。

③**できそうですか？**

　｢できると思います。｣

※この質問で、自らの自己効力感を確認してもらいます。「できる」という発言が自らの行動する力を信じていることの表明になります。

④**行っていく決意のほどを話してください。**

　｢ずっと部活が続けられるように、毎日やっていきたいと思います。｣

※この質問では、決意の表明をさせています。決意を言葉にし、自分の気持ちをより確かなものにしていきます。先生からはよいフィードバックを行います。

## ■さまざまなコミットメントの例

　心の中で行うコミットメントの例としては、健康行動を実施することを心に決める、強く決意する、自分に約束する、行動変容を最優先事項とする、自己の行動する力を信じる、自分を励ます、自分の責任で行うべきことであることを認識するなどが挙げられます。児童生徒に対しては、コミットメントを行うことにより、行動変容に伴う負担感や不安を吹き飛ばし、行動に向けて自分の気持ちを前向きにする効果があることを教えるとよいでしょう。68ページの「プラスのセルフトーク」をコミットメントとして活用することも有効です。また、具体的な行動計画を立てる、準備やリハーサルをする、できることから一歩を踏み出すなどは、集団指導において、取り入れやすい活動です。いつ、どこで、何を行うかが明確になり、行うべき行動をイメージできるため行動実践に前向きになれます。

　加えて、周囲に公表することはコミットメントの代表例で、行動への決意が一層固まります。グループ活動で、自分の目標を発表し合う学習活動は、集団の保健指導で取り入れやすい方法です。最後に、コミットメントして行動を開始した際に、失敗によって自己効力感が一気に低下し、それに伴って意欲も低下することがないよう、安全にスモールステップで行動を開始し、成功体験や周囲からの賞賛を体験できるように、入念に行動の開始を支援していきたいものです。

動機づけを高めるために

## その8 動機づけを高めるコミュニケーション

**動機づけを左右する支援者のコミュニケーション**

　支援者に悩みを相談することを考えてみましょう。相談することで自分の気持ちに素直に向き合うことができ、建設的な一歩に向けて「がんばろう」と意欲がわいてくることがあります。一方、助言は的確で反論の余地はないけれど、何となく「でも……」、「だけど……」などの逆説的な反応や言い訳をするなど、抵抗が高まって一歩を踏み出す気持ちになれない場合もあります。

　両者の動機づけの違いはなぜ生じるのでしょうか。その理由のひとつは、支援者のコミュニケーションの仕方にあることがわかっています。ここでは、行動変容への動機づけを高める面接の技術である「動機づけ面接法」を参考に、子どもたちの動機づけを高めるコミュニケーションの方法について考えていきましょう。

### ■2つの会話例から何を感じるか

　次の2つの会話例は、脳貧血を起こして保健室で休んでいる中学生女子Bと養護教諭との会話です。Bは体調不良でしばしば保健室に来室しますが、毎晩遅くまでインターネットをしていて、生活習慣が乱れていることに原因がありそうです。養護教諭もBの生活リズムが乱れていることをわかっています。B本人も慢性的な睡眠不足で体調が悪いことを自覚していて、「どうにかしたい」と思っている一方で、「インターネットもしたい」という両面の気持ち「両価性」をもっています。

　会話例1では、養護教諭はBの生活の問題点を指摘し、改善すべき点を積極的に指導しています。会話例2は「動機づけ面接法」の考え方を取り入れた指導例です。それぞれの指導に対して、Bはどのように反応しているでしょうか。

【会話例1】

※「先」は先生の言葉、「B」は中学生Bの言葉です。
先　顔色はだいぶよくなったね。
B　はい、もう大丈夫です。
先　よかった。最近はときどき体調が悪くなるね。十分に睡眠をとっているかな？
B　あまり……、5時間くらいかな。
先　そう。それしか寝ていなかったら、体調が崩れてもおかしくないよ。まだ、遅くまでインターネットをしているの？
B　まあ。短くしようとはしているんですけど……、一応。

# 第2章 動機づけを高めるために
## その8 動機づけを高めるコミュニケーション

> 先 体調が悪いのはそれが原因だと思うよ。夜更かしになって生活リズムが乱れると自律神経という大切な体の働きが乱れるの。そうすると、脳に血液を送る力が足りなくなって脳貧血を起こしたり、おなかが痛くなったり、頭痛がしたり、気持ち悪くなったり、いろいろな症状が出るようになるの。しっかり睡眠をとる方がいいよ。
> B わかってはいるんですけど……。
> 先 インターネットよりは、健康の方が大切でしょう？ 今日みたいに倒れたら、けがをすることだってあるわよ。
> B まあ、そうですけど……。

会話例1で、養護教諭はBの体調不良の原因をインターネットのし過ぎによる慢性的な睡眠不足と見て保健指導をしています。養護教諭はBの睡眠習慣の問題点を指摘し、医学的な知識を含めて今の生活の不利益を伝えて生活改善を求めています。助言としては正しいことばかりです。しかし、Bにはあまり積極的な反応が見られず、むしろ抵抗が高まっているように感じられます。

では、次の会話例2を見てみましょう。動機づけ面接法の考え方と技術を取り入れています。会話中の〈O〉〈A〉〈R〉〈S〉は、それぞれ動機づけ面接法で用いられる中核的な技術である「Open-ended Questions（開かれた質問）」、「Affirmations（是認）」、「Reflective Listening（聞き返し）」、「Summaries（要約）」を示しています。

下線部は、変化に前向きな発言といえる「チェンジ・トーク」を表します。会話例1と比較して、Bの反応にはどのような違いがあるでしょうか。

【会話例2】

> 先 顔色はだいぶよくなったね。
> B はい、もう大丈夫です。
> 先 それはよかった。最近、ときどき体調が悪くなるね。先生も心配していたんだ、つらそうだなって。何か思い当たることある？〈O〉
> B ちょっと寝るのが遅いかも……。だいたい1時過ぎてしまいます。
> 先 なるほど確かに遅いね。Bさんは家ではどんな過ごし方をしているの？〈O〉
> B 家に帰ったら、宿題とか、夕食とか、インターネットとか……。
> 先 インターネットが好きなのね〈R〉。どんなことをしているの？〈O〉
> B だいたい動画を見ています。お気に入りの動画を見たり、面白い動画を見つけて見たり……。気づくと遅くなっていて……。
> 先 楽しくて、あっという間に時間がたってしまうんだね〈R〉。
> B そうなんです。いつもそう。でも、<u>早く終わりにしようとは思っているんです</u>。
> 先 （うなずきながら〈A〉）早めに終わりにして、早く寝なきゃって思っているんだね〈R〉。

| | |
|---|---|
| B | そうです。でも、いつも遅くなっちゃう。 |
| 先 | それで体調も悪くなっている……〈R〉。 |
| B | たぶん。もう少し早く寝たいんですけど……。 |
| 先 | その気持ちは大切だよ〈A〉。いろいろ困っていることがありそうだね〈R〉。 |
| B | やっぱり、今日みたいに倒れてしまうのは嫌だし、体調が悪くて、友達にも心配かけるから。あと、授業中眠くなって、授業中に保健室で休むから、授業がわからなくなってしまう。でも、ついインターネットを見過ぎてしまうんです。止まらなくて。 |
| 先 | つらいと思っているんだね。生活リズムが乱れると脳貧血や、腹痛や頭痛がしたり、気持ちが悪くなったり、いろいろな症状も出るし〈R〉。 |
| B | そういうことはよくあります。最近頭が痛くて授業にも集中できなくて。 |
| 先 | いろいろ症状があるのね〈R〉。早く寝るために、何か工夫したことはある？〈O〉 |
| B | 一度、夜になったらお母さんにパソコンを預けることにしました。そのときはよかったけど、結局やめちゃって……。調べ物にも必要だし。 |
| 先 | そのときは効果があったんだね〈A〉。ほかには？〈O〉 |
| B | う〜ん……、そのくらいです。 |
| 先 | 今日の話を少しまとめていい？ Bさんはインターネットの動画が楽しくて、つい遅くまで見てしまうんだね。でも、睡眠不足で体調が悪くなって、倒れたり、友達に心配かけたり、勉強にも支障が出ていて、Bさんも「早く寝なきゃ」って思っているんだね。で、お母さんにパソコンを預けたことがあって、そのときはうまくいったんだね。何か聞き落としたことはある？〈S〉 |
| B | 大丈夫です。 |
| 先 | これから、Bさんはどのようにしたいですか？ |
| B | お母さんも心配しているから、お母さんと相談してみます。またパソコン預かってもらえると思うし。 |
| 先 | とてもいい考えだね〈A〉。お母さんと相談したら、先生にも教えてね。 |

　会話例2では、養護教諭はBの価値観を否定せずに共感を表現し、Bが言おうとしていることを洞察しながら頻繁に聞き返しています。Bは責められたり批判されていると感じたり、言い訳をしたりするなど、「抵抗」を高めることなしに養護教諭と二人三脚で建設的な行動変容を探求しています。Bが変化に積極的な言葉を述べたときには、養護教諭は態度や言葉で認めて肯定し、Bの考えを強化しています。その結果、Bは自律的に解決への一歩を見いだすことができました。

## ■動機づけ面接法とは

　行動変容への意思決定を困難にする原因に、本人の持つ「両価性」があります。この状態は本人にとってもつらい状態です。動機づけ面接法は、両価性を解決し、変化への動機を引き出す面接の技術です。本人が変化に向けた積極的な言葉（チェンジ・トーク）を話すように会話することで、行動変容への動機づけと決意を促します。

### ○動機づけ面接法の精神

　まず、「協働的」であることです。相手に変化を強要するのではなく、協働的なパートナーとして、温かい人間関係、探求、援助を提供します。次に、「喚起的」であることです。相手の価値観を大切にし、本人がすでに持っている力を呼び覚まします。そして、「自律性」を尊重します。本人が自分の価値観に沿って自律的に変わっていくことを援助します。

### ○動機づけ面接法のスキル

　「開かれた質問（Open‐ended Questions）」、「是認（Affirmations）」、「聞き返し（Reflective Listening）」、「要約（Summaries）」といった技術を用いて面接を進めます。特に、聞き返しは中核となる技術です。相手を理解しようとする共感的な姿勢を伝えたり、相手からたくさんの発言を引き出したり、変化への手がかりやチェンジ・トークを引き出すことができます。聞き返しには多様なテクニックがあります。

### ○チェンジ・トークとは

　変化に向けた「願望」、「能力」、「理由」、「必要性」、「決意」、「行動」に関する発言です。動機づけ面接法では、本人がチェンジ・トークをたくさん語り、それを強化することで変化への決意を促そうとします。

　ここでは、学校教育における動機づけ面接法の活用可能性を考えるきっかけとして２つの会話例を掲載し、動機づけ面接法を紹介することを目的としました。この方法は必ずしも万能ではありませんが、ある程度の発達段階の子どもで、両価的である場合には、行動変容を促す際に大変有効な方法ではないかと思います。ともすれば、指示や強制になりがちな学校現場の指導において、動機づけ面接の精神やスキルを必要に応じて日常のコミュニケーションに取り入れながら、子どもや保護者に接することは建設的な行動変容に効果的であると思われます。

　以下、動機づけ面接法をもっと学びたい方のために参考文献を掲載します。

・『動機づけ面接法−基礎・実践編−』ウイリアム・R・ミラー，ステファン・ロルニック（著）松島義博，後藤恵（訳），星和書店，東京，2007
・『動機づけ面接法実践入門』ステファン・ロルニック，ウイリアム・R・ミラー，クリストファー・C・バトラー（著），後藤恵（監訳），後藤恵，荒井まゆみ（訳），星和書店，東京，2010

## 第2章　動機づけを高めるために
# まとめ

　本章では、3つの要素からなる全体構造のうち、子どもたちの健康行動への動機づけをいかに高めるかを示す「バルーン図」に焦点を当て、そのポイントを解説してきました。

　まず、「生きて働く知識」のために必要となる要素を紹介しました。「自分のこと（自分事）」として捉えること、「価値」を認識できるようにすること、健康行動の「有効性」を理解できるようにすること、そして「腑に落ちる理解」の重要性を紹介しました。

　次に、「自己効力感」の重要性を解説し、指導のポイントについて紹介しました。自己効力感は、動機づけや行動変容に極めて重要な考え方ですが、学校現場では比較的配慮されることが少ない印象があるので、ぜひ押さえてほしいポイントです。

　また、「自尊感情」は、健康行動への動機づけに大きな影響を与えます。自尊感情の基本的な考え方を紹介し、「自尊感情」を高めるために「自己効力感」の視点から働きかけることを提案しました。「自尊感情」の育成は健康教育の大変重要なテーマです。

　そして、よりよく行動変容を支援するためのコミュニケーションに視点を当て、動機づけ面接法の考え方を紹介しました。子どもや保護者の建設的な変容を支援するための有効な方法になると思います。

　次の第3章では、行動変容への取り組みを開始し、健康行動を継続するための具体的な技法やスキルを示す「ＰＤＣＡサイクル図」に焦点を当てます。目標設定、セルフモニタリング、問題解決など、行動を継続するための多様な方法を紹介していきます。

【第2章の参考文献】

畑栄一，土井由利子（編）『行動科学－健康づくりのための理論と応用』南江堂，2003

F・パハレス「自己調整学習における動機づけ要因としての自己効力信念の役割」ディル・H・ジャック，バリー，J・ジマーマン（編著），塚野州一（監訳）『自己調整学習と動機づけ』北大路書房，2009

アルバート・バンデューラ（編著），本明寛，野口京子（監訳）『激動社会の中の自己効力』金子書房，1997

JKYB研究会（代表 川畑徹朗）（編著）『JKYBライフスキル教育プログラム－中学生用レベル1』東山書房，2005

松本千明（著）『医療・保健スタッフのための健康行動理論の基礎』医歯薬出版，2002

ウィリアム・R・ミラー，ステファン・ロルニック（著），松島義博，後藤恵（訳）『動機づけ面接法―基礎・実践編―』星和書店，2007

# 第3章
# 行動実践のPDCAサイクル

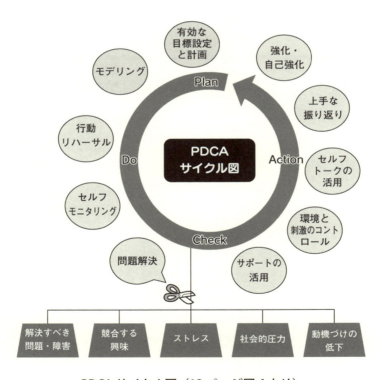

PDCAサイクル図（13ページ図4より）

行動実践のＰＤＣＡサイクル
## その1 挑戦意欲を高める目標設定のこつ

### 行動実践のＰＤＣＡサイクルの起点「目標設定」

　私たちは何かに積極的に取り組もうとするとき、意識的・無意識的にかかわらず何らかの目標を持って取り組みます。目標は、心の中の変化である動機づけを実際の行動実践へと結びつける重要な役割を持っています。目標は努力の方向性を示すとともに、自己の行動と理想の自己像との架け橋でもあります。
　行動実践の「ＰＤＣＡサイクル図」（13ページ図4または55ページ扉絵参照）には、目標設定を起点として循環する矢印が示されています。その矢印は、行動の起点となる目標設定に始まり、挑戦意欲を高め、努力を継続し、達成感を感じ、そして、さらに高いレベルの目標へと循環していく流れを表現しています。このような循環を生み出すために重要な役割を持っているのが目標です。ここでは、挑戦意欲を高め、よりよくＰＤＣＡサイクルを循環させるための目標設定のこつを紹介します。

### ■目標「苦手なものでも一口は食べる」に秘められた５つのこつ

　「苦手なものでも一口は食べる」この目標は、ある小学校３年生の保健指導（学級活動）で、児童に生活習慣改善のための目標を立てさせたときに児童が実際に立てたものです。保健指導に先立って、保健学習で「食事、運動、休養・睡眠」の生活リズムの大切さをしっかりと学習しています。担任の先生によると、この児童は苦手な食べ物が多くて自分自身困っていたということでした。保健学習の中で好き嫌いなく食べる必要性を強く感じ、このような目標を立てました。
　１週間の取り組みでは、毎日、目標の達成を示す丸印が記録されていました。２週間目（ＰＤＣＡサイクルの２サイクル目）には目標を変えてもよいことにしたところ、児童は「苦手なものでも２口は食べる」と自ら目標のレベルを上げました。２週目も全部丸印がつきました。
　この目標を立てる際には、次のような目標設定の「こつ」が含まれていました。

　　第１のこつ　「目標は自分で立てる」
　　第２のこつ　「短い期間で立てる」
　　第３のこつ　「具体的な行動目標にする」
　　第４のこつ　「『がんばればできそう！』のチャレンジレベルで立てる」
　　第５のこつ　「コントロールできる内容で立てる」

○第1のこつ　「目標は自分で立てる」
　この実践では、まず簡単に先生が上手な目標の立て方を説明し、いくつか具体例を示して、子どもたちはそれをまねながら自分なりの目標を「自分の意志」で立てていきました。自分で立てることが困難な場合でも、例示をまねしたり、選択肢から選んだりしながら、子どもが「自分で決めた」と思えるように支援することが大切です。

○第2のこつ　「短い期間で立てる」
　短い期間で目標を立てることで、達成感や誇らしい気持ちなどの努力の結果が速やかにフィードバックされ、次への意欲につながります。仮に目標が達成できなかったとしても、問題の所在や解決方法を考えて再スタートを切ることができます。

○第3のこつ　「具体的な行動目標にする」
　「○時までに電気を消して布団に入る」、「縄跳び○分を週○回以上する」、「テレビやゲームは○時までにする」、「晴れの日の休み時間は校庭で遊ぶ」のように、やるべき行動、量、時間などが明確になるように目標を立てることで行動しやすくなります。
　また、セルフモニタリング（60ページ）をする場合では、目標を達成できているのかどうかを客観的に評価できることが大切になります。

○第4のこつ　「『がんばればできそう！』のチャレンジレベルで立てる」
　「がんばればできそう」、つまり自己効力感があるレベルに目標を設定すると、高い意欲で取り組むことができ、目標達成の可能性も高まります。前述した苦手な食べ物が多い児童の第1週の取り組み「一口は食べる」がそのレベルでした。1週目の挑戦体験と、その結果である成功体験を経て、2週目にはそのレベルが「2口は食べる」までに高まり、さらに2週目の新たな挑戦と成功体験につながっています。しかし、目標が高すぎると自己効力感は低下し、挑戦意欲も目に見えて低下します。一方、目標が低すぎると成長は期待できませんし、目標を達成しても達成感や成長している実感はフィードバックされません。

○第5のこつ「コントロールできる内容で立てる」
　「寝ること」、「排便すること」などはいわば生理現象であり、眠りに落ちることや排便することを、努力や工夫で制御することは困難な場合があります。「毎日排便してから登校する」を目標にした場合、努力しても達成不可能な場合があり、これにより落胆や苦痛を覚えることは意欲を低下させる可能性があります。「（眠れなくても）布団に入る」、「（排便に至らなくても）トイレに行く」であれば、本人の努力でコントロールできる行動の範囲内になります。生理的な概日リズムは徐々に整ってくるものです。

　「苦手なものでも一口は食べる」には、以上の5つのこつが含まれており、児童にとっては、大きな自信につながる体験になりました。目標設定のこつは、小さな挑戦体験と小さな成功体験を生み出すこつと言い換えることができるかもしれません。

## 行動実践のPDCAサイクル

### その2　行動実践を開始する

#### 「おもり」に対処しながら行動を進める

行動実践に取り組み始めると、行動に抑制的なさまざまな要因（おもり）が行動の継続にブレーキをかけます。PDCAサイクル図（13ページ図4または55ページ扉絵）に示すように、楽しさの欠如や負担などによる「動機づけの低下」、「ストレス」、ほかの人の働きかけによる「社会的圧力」、健康行動と「競合する興味」、時間や環境上の問題などの「解決すべき問題・障害」といったさまざまな要因が考えられます。本章では、これらの抑制的な要因に対処し、問題解決を図りながら行動を継続するための行動変容の技法やスキルを紹介しています。

行動を開始した初期の段階は、特に行動が停滞しやすい時期です。ここでは、行動開始の初期段階を成功的に進め、行動変容をPDCAサイクルの流れに乗せるために有効なさまざまな方法を紹介します。

行動変容に取り組む人にとっては、行動を開始した初期の段階はまだ不安や負担感が残っている時期です。抑制的な要因（おもり）を慎重に避け、対処しながら、成功を体験して行動への自信を高めることが大切です。

### ■具体的な行動計画を立てる、問題発生を予測して対策を立てる

いつから、どこで、どのようなやり方で実践するか、具体的な行動計画を立てると有効です。また、問題発生をあらかじめ予測して対策を立てておくと目標達成の可能性が高まり、問題の発生に対処しながら継続する自信につながります。PDCAサイクルの「Plan」に当たります。下で挙げるAさんの例では上手に行動計画が立てられています。

《体力を高めたいAさんの例》

Aさんは体力を高めるために「毎日縄跳びを20分間以上行う」ことを目標にしました。まず「学校から帰ってかばんを置いたらすぐに家の庭で行う」ことにし、無理をせず少しずつ体を慣らしながら「1週間後から20分」を目指すことにしました。

また、放課後、友達に遊びに誘われたら、「縄跳びをしてから遊ぼう」または「一緒に縄跳びをしよう」と、友達に提案することにしました。雨の日は縄跳びができないので、代わりに「家の中で腹筋運動と背筋運動を20回ずつ行う」ことにしました。

## ■モデリング（観察学習）で有効な方法を学ぶ

人は自らの体験を通してだけではなく、ほかの人の行動やその結果を観察したり、聞いたりすることを通して、有効な方法を学ぶことができます。これを「モデリング（観察学習）」といい、特に自分と同じような能力の人が達成した方法を知ることで、「自分にもできそう」という、自己効力感の上昇につながります。スキルを習得する場合には、モデルのスキルを模倣して技術を習得します。

《歯周疾患要観察者（GO）に対するブラッシング指導の例》
　定期健康診断で「歯周疾患要観察者（GO）」と判定された児童生徒にブラッシング指導をする際に、以前GOと判定され、ブラッシングの小集団指導によって歯肉の状態が改善した児童生徒にも参加してもらい、経験を話してもらいます。さらに上手なブラッシングのモデルになってもらい、児童生徒の技術とやる気を高めます。

## ■行動リハーサルで疑似体験する

実際の状況を想定して行動を行ってみます。これを「行動リハーサル」といい、先生や友達から建設的なフィードバックをもらいながら自信を高めていきます。

誘いの断りや交渉、支援の依頼など、ほかの人とのコミュニケーションが必要な場合には、ロールプレイによってコミュニケーション・スキルを高めると有効です。

図14　友達からの誘いに対応する「ロールプレイング」

家族やグループで一緒に実践できる行動であれば、初期の段階は、グループで活動すると効果的です。疲れているときや忙しいときなど、一人では動機づけが低下する場合でも、皆の意欲に支えられ、楽しさやお互いの励ましもあって力がわいてくるものです。お互いの悩みを出し合いストレス対処の機会にもなります。集団の力を利用しつつ、徐々に個人の取り組みに移行していきます。定期的にグループの活動を持つことは動機づけを維持する有効な機会となるでしょう。

モデリング、行動リハーサルとともに、よりよく計画し（Plan）、スムーズに実行（Do）に移行するうえで大変有効な方法です。

> 行動実践のPDCAサイクル

# その3 セルフモニタリングで行動を継続する

> **セルフモニタリングで行動を継続する**
>
> 　目標とする健康行動を自ら観察して、遂行状況を「セルフモニタリング・シート」に記録し、自己評価することで行動変容を促進する技法をセルフモニタリングといいます。児童生徒自身に目標の遂行状況を記録させながら、さまざまな気づきや動機づけの向上を促し、行動に影響する要因について理解させ、最終的に子どもが自らの行動をコントロールできるようになることをめざします。ここでは、生活習慣の改善を図るセルフモニタリングについて、多様な例を紹介します。

## ■セルフモニタリングのメリット

　セルフモニタリングには次のようなメリットがあります。

① **自己の行動を客観的に見つめることで自分の行動の特徴に気づく。**

　普段は無意識な行動に意識を向けることで実行が促されます。また「思ったより運動していない」、「意外と夜更かしの日が多い」など、自分の課題に気づき、行動を見直すきっかけとなります。行動変容の取り組み前にセルフモニタリングを行い、その後の行動変容を評価するためのベースラインとして活用することもできます。

② **良好な遂行状況や進歩の実感が意欲の向上につながる。**

　セルフモニタリング・シートへの記録を通して目標達成の証しである評価（丸印など）が目に見える形でフィードバックされ、誇らしさや進歩を実感し、意欲の向上につながります。良好な遂行状況が意欲の向上へとつながる好循環になります。

③ **自分の行動に影響する要因を理解し、問題解決につなげることができる。**

　実践が順調にいかないときは、行動を抑制する何らかの要因が存在する可能性があります。セルフモニタリングの結果を振り返りながらその要因を明らかにし、「問題解決」（64ページ）や「行動のコントロール」（66ページ）などの具体的な対策につなげます。セルフモニタリングは問題解決能力を高めるよい訓練の場になります。

　これらのセルフモニタリングのメリットが十分に生かされるよう、指導に当たる方々は記録を参考にしっかり声かけをすることが大切です。

　なお、記録自体が負担にならないように記録内容を精選すること、マンネリ化しないように工夫すること、子どもの発達段階に合わせることなどを考慮し、記録の内容や記録の仕方、導入の時期や実施期間などを、状況に応じて工夫することが大切です。

# 第3章 行動実践のPDCAサイクル
## その3 セルフモニタリングで行動を継続する

季節に合わせた目標を加えながら、毎月の第一週を生活改善週間として取り入れるなどが考えられます。学校行事に合わせて取り入れてもよいでしょう。

### ■小学生の生活習慣改善のセルフモニタリングの例

下記のシートは小学生の生活習慣改善で、実際に小学校で用いられた基本的なセルフモニタリング・シートです。セルフモニタリング・シートに動機づけの向上や実行を促進するための多様な技法が散りばめられています。

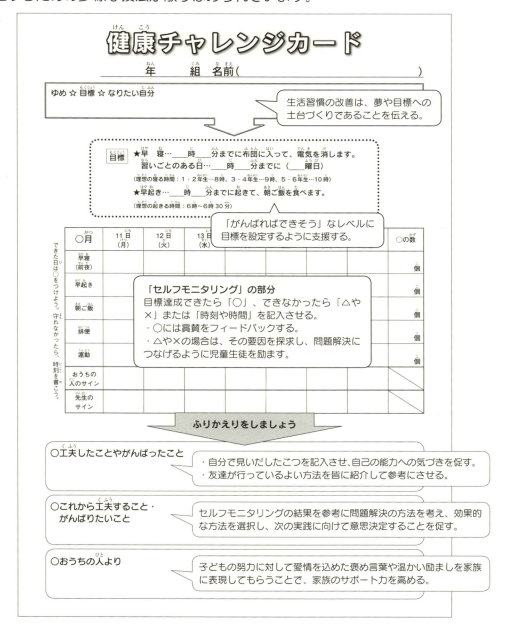

# ■中学・高校生の生活習慣改善のセルフモニタリングの例

　生徒が一生懸命に取り組んでいる日々の活動の目標達成と生活習慣改善を兼ね備えたセルフモニタリング・シートです。多様な行動変容技法が盛り込まれ、意欲と実践が促進されるように工夫されているとともに、学習や部活動などで目標達成するためには、生活習慣が土台となっていることが実感できるようになっています。

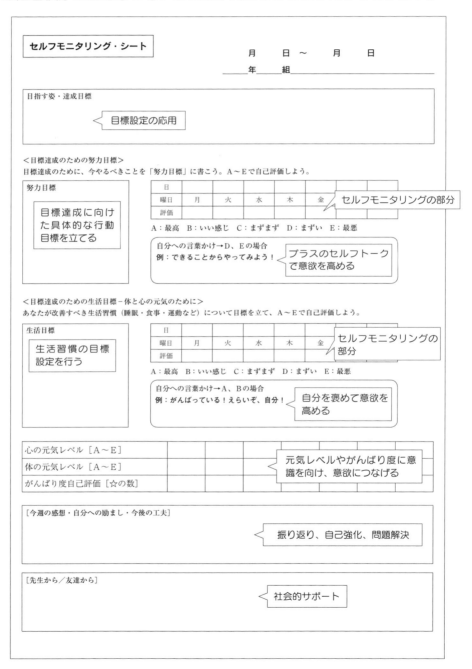

## ■健康にマイナスな行動をコントロールするためには

　すでに生活の一部となっている健康に不利益な行動がある場合は、改善する必要があります。例えば成人では、喫煙や過度の飲酒、過剰なエネルギー摂取などです。児童生徒では、おやつや清涼飲料の過剰摂取、ゲームやインターネットの過剰使用、すでに喫煙行動もあり得ます。このような行動をコントロールする第一歩は、自分自身がどのような状況でその行動を行っているのか、どのような状況で欲求がコントロールできたり、できなかったりするのかなど、行動に影響する要因を理解することです。

　一例として、次のセルフモニタリング・シートはメリハリのないおやつの食べ方や過剰摂取をコントロールするためのセルフモニタリングの例で、取り組みを始める前に子ども自身が自分の行動を理解することを目的としたものです。1週間ほど継続し、結果を振り返ることで、子ども自身が「一人でいるときに」、「テレビを見ながら」、「ゲームをしながら」ついお菓子に手が伸びること、「おなかはすいていなくても」、「お菓子が近くにある」と食べたくなること、「のどが渇く」とジュースが飲みたくなることなど、自分の行動に影響する要因に気づくことができます。

「食べたおやつ」セルフモニタリング・シート　　氏名＿＿＿＿＿＿

| 月・日 | 時間 | 場所 | 誰と | 行動前の状況・考え・気持ち | 行動（食べたおやつ） | 行動後の心身の状態、考え | 感想 |
|---|---|---|---|---|---|---|---|
| ○月○日 | PM4:30 | 学校から帰ってリビングで | 母と | おなかがすいた | チョコレートヨーグルト | おいしかった | 満足 |
| | PM5:30 | 自分の部屋 | 一人 | ゲームおなかはすいていなかった | スナック菓子 | 一袋も食べてしまった！ | ゲームの合間はいつもお菓子 |
| | PM6:30 | 自分の部屋 | 一人 | 宿題のどが渇いた | オレンジジュース | 本当は水の方がいい | のどが渇くとジュースを飲んでしまう |
| | PM7:00 | リビング | 一人母は夕食の準備 | テレビリビングにお菓子 | おせんべい1枚 | 夕食が食べられるか不安 | 無意識に手が伸びる |
| | PM9:00 | リビング | 家族 | お菓子に手が伸びる。母に「食べ過ぎ」と言われた | 食べないことにした | お菓子を食べなくても問題なし | 家族といるとあまり食べない |
| ○月○日 | | | | | | | |
| | | | | | | | |

　このような、セルフモニタリングの効果を、問題解決や、行動のコントロールに生かすことが大切です。例えば、「お菓子を置かない」など、家族に環境を整えるサポートをお願いし、「家族と過ごす」、「決まった時間にだけおやつを食べる」などの具体的な行動目標を立てることにより、的を射た取り組みに生かすことができます。

　セルフモニタリングは、よりよく実行（Do）し、遂行状況を評価（Check）するうえで大変有効な方法です。

行動実践のPDCAサイクル

## その4 問題を解決し、行動をコントロールする

**行動変容は問題解決と行動コントロールの練習の機会**

　私たちは社会生活を送りながら大小さまざまな問題に遭遇し、その解決を図りながら生活を送っています。高い問題解決能力はこの社会を生き抜くためにきわめて重要な能力といえます。健康行動を身につけるための行動変容のプロセスにおいても、問題や障害があることが普通で、むしろ解決すべき問題のない行動変容は考えにくいでしょう。また、その中では行動をコントロールするための技法が役に立ちます。このように考えると、行動変容を促すプロセスは問題解決能力を育む絶好の機会ということができます。

　セルフモニタリングの情報を活用することで、よりよく問題解決と行動のコントロールを進めることができます。ここでは、セルフモニタリングの情報を活用して問題解決と行動をコントロールする方法を紹介します。

### ■問題解決のステップ

　問題解決は、次のステップを経ることによって効果的に進めることができます。

① 「気づきのステップ」
　自分が直面している問題を、「解決すべき問題」としてしっかり認識します。
② 「目標のステップ」
　問題解決によってどのような状態をめざすのか、目標を定めます。成長や健康、夢の実現を指向する建設的な目標にすることが大切です。
③ 「方法のステップ」
　問題解決の手段・方法を考えます。自己の行動に影響する要因を振り返りながら有効な手段・方法をたくさん考え出すことで、よりよく問題解決が行われる可能性が高まります。※セルフモニタリングの結果から有効な情報が得られます。
④ 「実行のステップ」
　効果がありそうで実現可能な方法を選んだり、組み合わせたりしながら、行う方法を意思決定し、解決に向けて取り組みます。
⑤ 「評価のステップ」
「満足できる解決に至ったか」を自己評価します。「解決に至った」ならば問題解決は完了します。「解決していない」ならば、再度、③「方法のステップ」に戻ってやり方を再検討し、④「実行のステップ」、⑤「評価のステップ」を繰り返します。このように、③→④→⑤のステップを繰り返し、問題解決を図ります。

実生活での問題解決では、あれこれさまざまなやり方を試す中で満足できる解決に至ることが多いと思われます。もし、ごく限られた方法しか思いつかず、効果も不十分であったなら、問題解決は成し遂げられないかもしれません。「有効な手段・方法のアイデア」を「たくさん」思いつくことができるような能力（「方法のステップ」の豊富さ）を高めることは、問題解決能力の向上に大きく貢献します（図15）。

図15 「方法のステップ」の豊富さと問題解決の関連

## ■セルフモニタリングを活用して問題解決能力を育む

　セルフモニタリングを行っている中で目標行動を実行できない日が続くと、自己効力感や意欲の低下が心配されます。子どもを指導される先生にお願いしたいのは、このときこそ「問題解決の糸口を見つけ、自分自身の問題解決能力を高めるチャンスである」ことを子どもたちに伝え、意欲を高めるよう働きかけてほしいということです。
　セルフモニタリングで行動目標を実行できない状態は、まさに問題に直面している状態であり（気づきのステップ）、目標行動を実行できることが問題解決の目標となります（目標のステップ）。次に、解決の手段・方法を検討します（方法のステップ）。このときセルフモニタリングの記録をもとに、実行できなかった日は、なぜ実行できなかったのか、その日の状況や影響した要因を深く考えるように促します。これは、子どもが自ら「自分の目標行動を抑制する要因を見つける」思考プロセスです。集団に共通する問題であれば、子ども同士でブレインストーミングを行うことも大変有効です。行動を抑制する要因について、広い視点から多様な要因を見つけることができたなら、次にそれらを積極的にコントロールする方法を考えます。それが、的を射た多様な解決方法となり、《方法のステップ》の豊富な選択肢となります。
　では、行動目標「夜〇時までに電気を消して布団に入る」が達成できない日があることについての問題解決を例に、《方法のステップ》を検討した例を紹介します。

【気づきのステップ】　行動目標「夜○時までに布団に入る」が達成できない。
【目標のステップ】　目標を達成できるようにしたい。
【方法のステップ】　次のように要因を考え、解決する方法を検討する。

《行動に影響する要因》　　　　　　　《問題解決の具体的な手段・方法》

①お風呂に入るのが遅い　　　→　①早く入れるように家族に相談する
②眠くならない　　　　　　　→　②休み時間は外で運動する
③ゲーム中は時間を忘れる　　→　③9時30分に時計のアラームが鳴るようにして、ゲームを終了
④見たいテレビ番組がある　　→　④録画。家族も見ないようにサポートを要請
⑤帰りが遅い父親と話したい　→　⑤朝や週末に、ゆっくり話せる時間をつくる
⑥携帯メールの返事を書いていた　→　⑥「○時以降はメールの返信できないけど、ごめんね」など、友達との関係を築く。

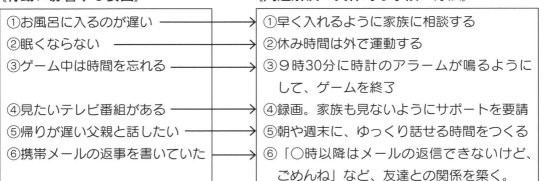

できなかった理由は？　　　　　　積極的にコントロールする方法を考えよう

　自分の行動に影響する要因が思いつかない子どもに対しては、次のような視点から思考を促すとよいでしょう。

・環境に原因がないか
・周囲の人との関わりの中に原因がないか
・自分の行動に原因がないか
・自分の考えや状態に原因がないか

「環境」、「人との関わり」、「自分自身の行動」、「自分自身の考え、状態」などについて、考えてみましょう。

## ■行動をコントロールするための技法

　「方法のステップ」において、行動に影響する要因に対し、問題解決の具体的な手段・方法を検討しますが、その際に参考になる行動変容技法を紹介します。

### ○刺激コントロール（環境コントロール）
　間食を減らそうとしている人にとって、「お菓子がある」環境は目標行動の実行を困難にします。「見たいテレビ番組がある」、「ゲーム機や携帯電話が手の届くところにある」ことも就寝時刻の目標達成を困難にする環境です。

# 第3章 行動実践のPDCAサイクル
その4 問題を解決し、行動をコントロールする

このような環境が一種の「刺激」となってその後の「行動」に影響を及ぼすため、環境（刺激）をよりよくコントロールしようとする考え方が「刺激コントロール」です。「番組を録画して別の日に見られるようにすること」や「ゲーム機や携帯電話を親に預ける」ことは刺激コントロールの一種です。一方、目標行動のプラスとなる環境（刺激）もあります。例えば「目標を紙に書いて見えるところに貼る」と行動を促進するよい刺激となることが多いようです。「目標行動を抑制する刺激を減らし、促進する刺激を増やす」のがこつです。

周囲の人との関わりの中にコントロールしたい刺激がある場合もあります。就寝時に別室のテレビの音が気になって寝られないときには、音量について家族と交渉する必要があります。58ページの「体力を高めたいAさん」は、「友達の遊びの誘い」（刺激）と「下校後の縄跳び」（目標行動）との折り合いを上手につけています。人との関わりでは、アサーションなどで、よりよくコミュニケーションをとることが大切になります。

## ○逆条件づけ（行動置換）

自分自身の行動が健康的な行動に影響することも少なくありません。寝る直前までゲームをしていると、つい長くなり就寝時刻を過ぎてしまうことがあります。早く寝るためには、就寝前の行動を「ゲーム」から「静かな読書」などの眠りに入りやすい行動に置き換える必要があるでしょう。活動しているときより、退屈をしているときの方がだらだらと不必要な間食をとってしまい、体重のコントロールが不調になってしまうことがあります。退屈な時間の過ごし方を、運動やお手伝いなどの活動的な行動に置き換えることは大変有効な方法です。このように、不健康な行動を健康的な行動に「置き換える」行動コントロールの方法を「逆条件づけ」と呼び、大変効果的な行動変容技法です。

ほかにも、緊張、不安などには、本人の状況によっては不健康な行動が生じやすいことから、深呼吸などのリラクセーション、軽い運動などを取り入れることも含まれます。

また、「きっと継続できない」など、本人の悲観的な思考が行動実践を抑制することがあります。このような場合には、「少しずつでも続けられる」と楽観的で肯定的な思考に置き換えることで目標行動を促進します（68ページの「セルフトーク」は思考のコントロールに活用できます）。

ここで紹介した問題解決や行動コントロールの行動変容技法は、行動実践のPDCAサイクルにおいて、より良い実行や（Do）、成長に向けた改善（Action）を進めるうえで大変有効な方法です。

## 行動実践のPDCAサイクル
## その5 「セルフトーク」で意欲を高める

### 自分の言葉で意欲や行動をコントロールする

　掃除をしなければいけないのに「面倒だ」、宿題をしなければいけないのに「やりたくない」。誰にも意欲がわかないことはあります。そのようなときには消極的な独り言を口にしているものです。疲れて帰宅し、すぐに寝てしまいたいときは、「お風呂は面倒だ。寝てしまおうかな……」とつぶやいて、布団にもぐり込みたい衝動が生じます。しかし、このとき、「お風呂に入ったら気持ちいいだろう」と独り言が口から出たらどうでしょうか。おそらく、その後の行動（入浴）の方向性は大きく変わったものになるでしょう。

　このように、セルフトーク（自己会話）は、そのときの気持ちやその後の行動に大きな影響を与えます。逆にいうと、セルフトークを意図的に調整することで、自分自身の意欲や行動をコントロールすることができるのです。ここでは、意欲と努力を継続し、持てる力を発揮するためのセルフトークについて、具体例を紹介します。

### ■セルフトークの重要性を理解させる

　まず、子どもたちがセルフトークの力を理解することが大切です。掃除や宿題を例に挙げて、「面倒」、「やりたくない」、「後に回そう」、「なんでやらなければいけないの？」などのマイナスのセルフトークを言った場合の意欲やその後の行動について考えさせましょう。続いて、「早くやってしまおう」、「先にやって、好きなことをしよう」、「きれいになって気持ちいい」、「勉強の力がつく」などのプラスのセルフトークを言った場合を考えさせ、両者を比較させましょう。子どもたちはセルフトークの持つ力を理解してくれるでしょう。

### ■プラスのセルフトークで、自分の背中を押してあげる

　日々の目標を達成したいのに意欲がわかないとき、どのようなセルフトークを言いがちか、子どもに振り返らせましょう。また、目標達成に向けて意欲が高まるプラスのセルフトークを考えさせます。やる気がわかないときにマイナスのセルフトークが心に浮かんだら心の中でストップし、プラスのセルフトークに置き換えて口に出すようにさせます。自分の言葉で、自分の背中を軽く押してあげるようなイメージです。

第3章 行動実践のPDCAサイクル
その5「セルフトーク」で意欲を高める

少しの意欲の高まりが努力の継続に与える影響、そして、その蓄積が子どもたちの成長に与える影響は計り知れないものがあります。下の図16はプラスのセルフトークを考えさせるワークシートの例です。

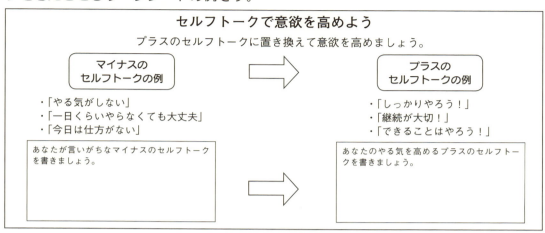

図16 プラスのセルフトークを考えさせるワークシート例

## ■自分の言葉で行動を方向づける

自分に対して、やるべき行動を言葉で明確に指示することで、行動を方向づけることができます。「自己教示法」と呼ばれる方法の応用です。

- 今日は、家に帰ったらすぐ縄とびをする！
- よくかんで食べよう！
- 今日は、ゲームをしない！
- 帰ったらすぐに宿題を終わらせて、その後ジョギングをする！
- 一時停止はしっかり止まろう！

## ■不安やプレッシャーに対するセルフトーク

自分の力を発揮する状況では緊張やプレッシャーはつきものです。ほどよいプレッシャーは実力の発揮にプラスになりますが、失敗の恐怖や過剰なプレッシャーは心のエネルギーを奪い、集中力や意欲を低下させてしまいます。失敗恐怖や過剰なプレッシャーによる失敗経験を積み重ねることは、健全な挑戦意欲や自尊感情を育てるうえでもプラスとはいえません。

「失敗したらどうしよう」という言葉をよく聞きますが、失敗への不安、心配、ストレスで、心を埋め尽くしてしまいそうな言葉です。むしろ、「できるところまでやってみよう！」、「全力を出すことが大切！」などのセルフトークに変えることで、心に余裕が生まれ、エネルギーを集中やリラックスに回すことができるようになります。子どもたちには「セルフトーク名人」になってもらいたいものです。

行動実践のPDCAサイクル

## その6 「強化」で意欲を高める

### 賞賛、承認、褒美で意欲を高める

　子どもが目標達成したり、望ましい行動やその努力をしたりした際に、先生や親など周囲の人から賞賛や承認、褒美をもらうと、子どもはさらに意欲を高め、いっそう前向きにその行動に取り組むようになります。行動科学のオペラント条件づけの分野では、「強化」と呼ばれ、特に、促進したい行動に引き続いて好ましい刺激（正の強化子）を与える「正の強化」は行動変容を促す有効な方法です。特に、行動の定着が不安定な時期には、努力や実践の励みとなります。

　本章で紹介した目標設定やセルフモニタリングと併用すると、効果的に用いることができます。ここでは、指導者の立場から子どもの行動変容を促すために取り入れる強化と、子どもが自分自身に強化を行っていく「自己強化」の2つの強化技法を紹介します。

### ■セルフモニタリングに強化技法を取り入れる

　60～63ページで紹介したセルフモニタリングに強化技法を取り入れる方法を紹介します。目標設定をして、目標の遂行が一定の基準を満たしたなら、褒美などの強化子をもらえるようにルールを決めましょう。例えば、「目標とする健康行動を1週間毎日達成できたら、セルフモニタリング・シートに『シールを貼ってもらえる』」のように、子どもが楽しみにしながら、意欲を持って努力できるような褒美の内容とルールを決めることが大切です。シールが一定個数たまったら、特別なシールがもらえるような発展型があっても楽しいでしょう。「クラスで紹介されて拍手をもらう」、「○○マイスターの称号がもらえる」、「先生のお手伝いができる」などの発達段階に合わせた褒美や称賛・承認も適しています。なお、実践から強化子が与えられるまでの時間が短いほど高い効果が得られます。

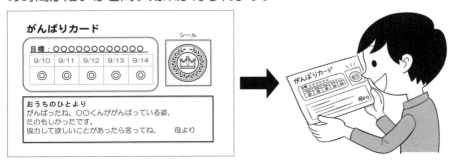

また、先生や家庭から「とても、がんばりましたね」などのコメントは子どもにとっては大変うれしい褒美であることを理解しておきましょう。セルフモニタリング・シートの「おうちの人より」の欄に、比較的厳しいコメントが書かれていることがありますが、むしろ、家庭との連携の上、がんばったところを褒めてあげる欄であることを共通理解しておきたいところです。

## ■「自己強化」で意欲をコントロールする

子どもの努力や行動を常に周囲の人々が見ていて、賞賛の言葉を与えられたり、褒美を与えたりできるかというと、そうとは限りません。子どもからすると「見ていてほしいときに見てもらえない」ことも少なくないと思われます。そのようなときでも、子どもが自分のがんばりを認めて賞賛したり、自分自身で褒美を準備したりすることは可能です。このような方法を「自己強化技法」といい、子どもにぜひ身につけてほしいテクニックです。ここでは、2つのやり方を紹介します。

**がんばった自分を褒める**

「褒める」というより、むしろ「自分が誇らしく思えたり、うれしい気持ちが高まったりする言葉や動作を自分自身にフィードバックする」という表現が近いかもしれません。がんばった自分に対し、「よくやった！」、「がんばった！」、「この調子！」、「よし！」、「やったー！」と、うれしくなる言葉を投げかけます。「ガッツポーズ」や「思い切り伸び」をしながら言葉を投げかけるのもよい方法です。要は、充実感やうれしさが高まる言葉や動作を自分自身で見つけ、意識的に用いることです。

私は、子どもたちがこの方法を身につけることによって、小さな成功体験を増幅しながら積み重ね、成長していくことができると考えます。努力は得てして、がまんや疲れを伴うものですが、努力の経験を、うれしい、誇らしい経験として増幅し、積み重ね、記憶に蓄積していきます。成功体験は、子どもたちの自信、有能感、自尊感情の基盤になります。

**褒美を用意する（自己契約法）**

目標が達成できたら得られる簡単な褒美を自分自身に用意したり、楽しみを先延ばしにしたりして、それを励みにしてがんばるのは、努力を継続するための自己コントロールの有効なテクニックです。ここでいう褒美は、子どもたちが楽しみにできる簡単なものが適しています。例えば、好きなお菓子を食べる、好きなテレビ番組を見る、好きな雑誌を読むなどです。大切なのは、「○○（目標）をしたら、○○（褒美）できる」としっかり取り決め（自己契約）を行い、そのルールを守ることです。

このように、「強化技法」は、PDCAサイクルのDo（実行）とCheck（評価）を連動させ、意欲と実践を推進する技法といえるでしょう。

> 行動実践のPDCAサイクル

## その7　行動変容を支える「社会的サポート」

> **社会的サポートが心を支え、行動を後押しする**
>
> 　社会的サポートとは、「社会的関係の中でやりとりされる支援や援助」のことであり、子どもは、家族、友達、先生、地域の人々など、多くの人からサポートをもらいながら成長していきます。社会的サポートには大きく分けて、ものの提供や協力など、目的を達成するための具体的な手段を提供する「道具的サポート」や、愛情や励まし、肯定的な言葉などによって心を支える「情緒的サポート」があります。子どもの行動変容において「道具的サポート」は、問題解決を図るうえで不可欠といっても過言ではありません。また、意欲の維持・向上を図るうえで「情緒的サポート」は重要な働きを持っています。社会的サポートは、子どもたちの成長を支える大きな力といえます。
>
> 　ここでは、保健指導で社会的サポートを有効に活用することと、子ども自身がサポートを上手に求めるために必要なことについて紹介します。

### ■セルフモニタリングに社会的サポートを取り入れる

　70ページのセルフモニタリング・シート（「がんばりカード」家庭欄）の「がんばったね。○○くんがんばっている姿、たのもしかったです」という保護者のコメントは、情緒的サポートとして子どもの心を支える働きを持っています。さらに、社会的サポートには、「必要なときにはサポートしてもらえる」という期待によりストレスを軽減する効果があるため、「協力してほしいことは言ってね」などと、サポートを喜んで提供したい気持ちを表明することで、期待による効果が高まります。

　セルフモニタリングなどで家庭での取り組みを進める際には、保護者に子どもへのサポートの提供を依頼し、温かい言葉で子どもにコメントをしてもらうなど、家庭と連携して進めると効果的でしょう。保護者にとっても、サポートが持つ力を改めて実感できる機会になるかもしれません。

### ■サポート資源を活用する

　73ページに肥満傾向がある児童への保健指導のサポート例を載せました。下線部は「道具的サポート」、波線部は「情緒的サポート」です。この例では養護教諭が中心となって保健指導が進められていますが、養護教諭からのサポートのみではなく、家族では姉や母親、学校では担任などが重要なサポート資源となっています。

## 第3章 行動実践のPDCAサイクル
### その7 行動変容を支える「社会的サポート」

> 小学校3年生の男子児童Aは肥満度30％の過体重児。運動習慣がなく、食習慣にも課題があるため、保護者を含めて養護教諭が保健指導を行った。Aはあまり乗り気ではなかったが、<u>5年生の姉が心配してAを外に連れ出して、一緒に公園で遊んだり、自転車に乗ったりするようになった。</u>Aも少しずつ活動的な遊びに抵抗がなくなってきたようだ。母親は仕事があるため、おやつはAがスナック菓子やジュースを好きなように買って食べていたが、<u>最近は母親がおやつにおにぎりなどをつくっておくようになり、スナック菓子は以前の半分以下になってきたという。</u>養護教諭は定期的にAから話を聞き、がんばりを褒めている。ただ、休み時間にもう少し活動的に遊べればいいと思っているので、活動的な友達の輪に入れるよう<u>担任に相談したら、休み時間にクラスでドッジボールをするなど、工夫してくれた。</u>こうして、ときどき、休み時間にドッジボールをする姿が見られるようになった。

　姉や母親はAのためにサポートに努めているようです。Aの行動変容には、家庭でのサポート体制を継続することが大変重要です。そのためにも、姉や母親のサポートを賞賛し、その努力の成果（学校でのAの変容など）を家庭にフィードバックしながら、サポート体制の維持・改善を図ることが大切です。

　また、養護教諭が担任に相談し、担任がクラス全体を上手に動かしてAを含めたクラス全体の身体活動を高め、皆で楽しめるサポート体制をつくってくれました。クラスメートもAと一緒に活動する習慣ができています。

　このように、まずはサポート資源を把握し、おのおのが提供可能なサポートを効果的に連携できるようにすること、また、よいサポート体制の維持・充実を図ることなどが大切です。

## ■サポートを依頼するコミュニケーション

　自律的に課題解決を図る場合、子ども自身が周囲の人々に自分のニーズに合ったサポートを依頼できることが大切です。特に、子どもが自ら行動変容を図る際には家庭のサポートは不可欠です。65～66ページでは、早起き早寝をするために「見たいテレビ番組は録画し、家族にも見ないようにサポートをお願いする」、「朝や週末に、父親とゆっくり話せる時間をつくる」などの問題解決の方法を考えました。いずれも家族の協力が必要です。これらの方法を実行に移すためには周囲の人々にサポートを依頼し、協力してもらう必要があります。サポートしてほしい理由や目的、サポートの内容、それによって何が可能になるかなどを言葉や表情などで相手に伝えられるよう、コミュニケーション・スキルを身につけることも大切です。

　このように、社会的サポートを充実させることは、行動実践のPDCAサイクルにおいて、よりよい実行（Do）を後押しする、大変大きな力になります。

### 行動実践のPDCAサイクル
## その8 「振り返り」で意欲を高める

#### よい反応を引き出す結果の振り返り

　行動変容に取り組みながら、子どもたちの心の中によい反応（達成感、誇らしさ、次へのよい見通しなど）が起こると、意欲や行動が促されます。そのような反応をどのように引き出すことができるのでしょうか。その方法として、子どもたちに上手な結果の振り返り方を身につけさせることが挙げられます。

　結果の振り返り方がどのように意欲や行動に影響するかについては「原因帰属理論」の分野で研究されており、「取り組みが順調な理由（成功の理由）をどのように振り返るか」、また、「うまくいかない理由（失敗の理由）をどのように振り返るか」、つまり、成功や失敗の原因を何に帰属するかが、「感情」、「期待」、「行動」に影響することがわかっています。子どもたちに肯定的な振り返り方（帰属スタイル）を身につけさせることは、意欲と行動の促進に寄与します。ここでは、基本的な考え方について説明し、指導への活用例を紹介します。

### ■「原因帰属」の考え方

　原因帰属の考え方によると、成功の原因が「自分自身にあり」、「変えることができ」、「統制可能な」原因にあると振り返る（帰属する）と、よい感情や、次もうまくいくという見通しが生まれ、次への意欲や行動が促されます。その原因の代表例は「努力や工夫」です。一方、成功の理由が、自分の力では変えることができず、統制不可能な原因にあると振り返ると、よい反応は生まれません。その代表例は「運」です。順調な行動実践を「たまたま運がよかった」と振り返るか、「がんばったり、工夫したりしたから」と振り返るかによって、次への意欲は大きく変わります。本人の捉え方次第なので、捉え方を肯定的な帰属スタイルへと変えることができれば、意欲と行動を改善できる可能性があります。

### ■「努力と工夫」を振り返る

　取り組みが順調な場合（成功）の上手な振り返り方は、「努力と工夫」に目を向けることです。一方、順調に進んでいない場合（失敗）には問題解決へと進めます。問題解決は、改善に向けて自分で積極的に働きかけるプロセスなので、必然的に努力と工夫に目を向けさせることになります（問題解決については64～67ページをご参

照ください)。

○セルフモニタリングにおける振り返り

　セルフモニタリング・シートの振り返り欄を、「がんばったこと、工夫したことを書きましょう」とし、「○○したら(工夫)、○○できました(成功)」などの振り返りを促します。自分で行った工夫、見つけたこつや教訓などに目を向け、言葉にしてシートに記入することで意識づけを図ります。肯定的な帰属の練習になるとともに、努力や工夫により目標達成できる「自分の力」に気づくことができます。

<セルフモニタリング・シートの振り返り欄の記述例>

| がんばったこと、工夫したことを書きましょう。<br>　ゲームでねるのが遅くなることがあるので、ゲーム機をお母さんにあずけました。そうしたら早くねられました。 |
| --- |
| 先生より<br>　お母さんにゲーム機をあずける工夫は、とてもすばらしいですね！　努力や工夫はとても大切です。これからも続けましょう。 |

　よい工夫をほかの児童生徒にも紹介することで、よい参考例になるとともに、紹介された子どもにとっては自信になります。例えば、生活習慣改善の工夫や、それを見つけたこつを児童が自由に書き込めるカードを作り、それらを貼れるスペースを教室に用意して掲示するなどの実践があります。自分の工夫を皆に知らせるよい機会になると同時に、クラスメートのモデリングを促す機会にもなります。

○個別指導や集団指導での振り返り

　個別指導や集団指導では、目標達成に向けて行った努力や工夫を選択的に振り返らせます。小さな努力や工夫にも目を向けて積極的に発言させます。子どもの発言を賞賛し、努力や工夫によって目標を達成できることを強調し、その価値を伝えます。

　このようにして、意欲や実践につながる有効な振り返り方を教えることができます。

どんな努力や工夫をしたのか、話してください。

　ここで紹介した振り返りは、行動実践のPDCAサイクルにおいて、実践の評価(Check)をもとに、次の実践に向けて意欲を高めるうえで大変有効な方法です。

# 第3章　行動実践のPDCAサイクル
## まとめ

　本章では、3つの要素からなる全体構造のうち、行動変容への取り組みを開始し、健康行動を継続するための具体的な技法やスキルを示す「実践を推進するPDCAサイクル」（PDCAサイクル図）に焦点を当て、さまざまな技法を紹介してきました。

　まず、行動実践を進めるうえで重要な目標設定のこつを紹介しました。上手に目標設定をすることで挑戦意欲が高まり、成功体験を促すことができます。行動変容を進める際に有効な技法である「セルフモニタリング」については具体例を紹介するとともに、本章で解説したさまざまな技法を1枚のセルフモニタリング・シートに取り入れて、連携させる試みもしています。

　目標行動を継続するための具体的な方法としては、問題解決、刺激コントロールなどの考え方を紹介しました。社会的サポートの活用も大切です。セルフモニタリングと連動させる方法も紹介しており、ぜひ子どもたちに身につけさせたい方法です。意欲を継続し、高めるための技法として、セルフトークや強化技法を紹介しています。特に、自分の言葉によって意欲を高めるセルフトークと自己強化技法は、小学生から活用可能な簡単で効果のある方法です。また、上手な振り返りの重要性を紹介しました。

　これらの技法は、PDCAサイクルの山を頂上（健康行動の習慣化）に向けて登っていくうえで、継続の大きな助けになります。また、PDCAサイクルが循環するにつれ、自己効力感や自尊感情も向上することが期待できます。

　次の第4章では、自ら学び、自ら考え、行動する力を持った子どもを育てるために、私たち大人が築いていきたい環境や土壌を示しています。特に、ヘルスプロモーションの考え方と、人的環境としての私たち大人の子どもへの関わり方を中心に、近年の動機づけ理論などを参考に考えていきます。

【第3章の参考文献】

J.F.サリス，N.オーウェン（著），竹中晃二（監訳）『身体活動と行動医学』北大路書房，2000

バリー・J・ジマーマン，セバスチアン・ボナー，ロバート・コーバック（著），塚野州一，牧野美知子（訳）『自己調整学習の指導』北大路書房，2008

竹中晃二「運動の開始・継続を促す行動変容理論・モデルおよび技法の適用」金川克子（監修），宮地元彦（編集）『エビデンスと実践事例から学ぶ運動指導』中央法規出版，2009

野口京子（著）『健康心理学』金子書房，1998

# 第4章
# 意欲を高める環境と支援

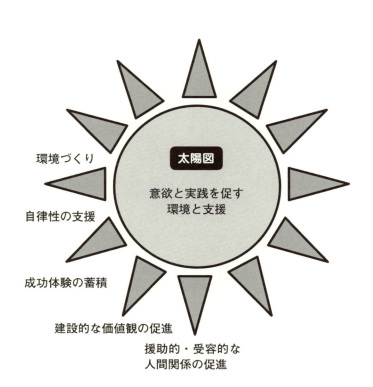

意欲を高める環境と支援

## その1 子どもの動機づけを高める接し方

### 太陽図に込められた「自己決定理論」の考え方

　子どもを指導する立場にある私たち大人は、子どもたちにとっては重要な社会的環境であり、育ちの土壌ともいうことができます。子どもたちが自己実現に向けて意欲的に学び、活動するための社会的環境を築くことは大変重要です。現在、学校教育をはじめ、家庭教育やスポーツなどの指導現場、職域など、大変広い分野で注目を集めている動機づけの考え方に、デシとライアンらによる「自己決定理論」があります。

　この理論は、保護者、教師、スポーツなどのコーチをはじめ、さまざまな指導者に対して、どのように接したら人々が意欲的になり、逆に意欲を失うのか、たくさんの示唆を与えてくれます。本書では、子どもの学びと実践を支える土壌を示す「太陽図」（13ページ図4、77ページ扉絵）の中で自己決定理論の考え方を参考にしています。ここでは、自己決定理論の考え方に触れながら、子どもの育ちを支援する私たち大人のあり方について考えます。

### ■動機づけの捉え方

　自己決定理論では、「どの程度、自分の意思で行動しようとしているか」（自律性、自己決定性）に基づいて、動機づけを次のように区分しています。①が動機づけのない段階、②〜⑤が「外発的動機づけ（行動が目的を達成するための手段となる動機づけ）」、⑥が「内発的動機づけ（行動自体が目的である動機づけ）」といわれ、連続的に動機づけを捉えています。

① **「非動機づけ」の段階**：行動するつもりがなく、行動していない段階。
② **「外的調整」の段階**：外的な力によって行動する段階。自律性はないか、きわめて低い。「やらないと叱られるから、やりなさいと言われるから○○する」など。
③ **「取り入れ的調整」の段階**：行動の価値はある程度理解しているが、やらされている感が強い段階。自律性は低い。「不安だから仕方なく○○する」など。
④ **「同一化的調整」の段階**：行動の価値を認識し、自分のためであると理解して自ら行動する段階。自律性は高い。「自分にとって重要だから○○する」など。
⑤ **「統合的調整」の段階**：行動の意義が本人の目標や価値と一致し、喜んで実行する段階。自律性はきわめて高い。「夢の実現のために、進んで○○する」など。
⑥ **「内発的動機づけ」の段階**：その行動を行うこと自体が目的となる段階。自律性はきわめて高い。「その行動自体が楽しく、好きだから行う」など。

この考え方は、人々の生活感覚によく当てはまります。また、自律性の低い動機づけ（外的調整、取り入れ的調整）で活動している人に比べ、自律性の高い動機づけ（同一化的調整、統合的調整、内発的動機づけ）で活動している人の方が、生き生きと前向きに生きていることもよく理解できます。最近では、自律性の高い動機づけを「自律的動機づけ」と呼んで、重視する見方が注目されています。健康教育がめざす子どもたちの動機づけの段階は、「自律的動機づけ」の段階ということができます（図16）。

価値がある、
自分のため、
夢の実現のため、
楽しい

自分の意思で行う
（自律的な行動）

図16　健康教育がめざす自律的動機づけの段階

## ■自律的動機づけの源－３つの心理的欲求－

では、人がより自律的な動機づけを持つためには何が必要なのでしょうか。自己決定理論によると、人には次のような３つの基本的な心理的欲求があり、それらが満たされるような条件のもとで、人は意欲的になり、積極的な行動が生じ、統合的な発達が促されるといいます。これら３つの基本的な心理的欲求は、人が発達し、成長するための原動力といえるものです。

〈関係性への欲求〉：他者から受容され、親密な人間関係を築きたいという欲求

人は、周囲の人々と「援助的で受容的な人間関係」を築きたいと欲します。そのような欲求を満たそうとする中で「建設的な価値観」を学びとり、積極的な態度を築きます。また、そのような関係性のもとで、失敗を恐れずに、自分の価値観に基づいて「自律的に行動」することができます。関係性への欲求が満たされる社会的環境は、人の自律的動機づけの基盤になります。太陽図において、「援助的・受容的な人間関係」として示しています。

〈有能さへの欲求〉：自分の有能さを感じたい、有能さを確認したいという欲求

人は、周囲の人々や環境との関わりの中で自己の有能さを感じ、確認したいと欲します。例えば、体育などで、技能を褒められて皆の前でお手本を見せ、有能さを感じたことをきっかけに（成功体験）、その運動種目が好きになり、一層進んで練習するようになることがあります。子どもには少なくとも一つは得意分野を持たせたいものです。小さな挑戦と成功体験の支援の一歩一歩が、有能さへの欲求を満たすカギとなります。太陽図では、「成功体験の蓄積」として示しています。

〈自律性（自己決定）への欲求〉：自分で決め自分の意思で行動したいという欲求

しばしば、チェスや将棋の「指し手」と「駒」で説明されます。人は他者の意思によって動かされる「駒」ではなく、自らの意思で行動を決める「指し手」になりたいと欲します。行動への自律性（自己決定感）が高いと動機づけが高まりますが、外部からコントロールされ、「やらされている」と感じると動機づけは低下します。完全な自己決定でなくても、自分の意思で行っていると感じられることが大切です。

## ■心理的欲求が満たされることで生まれる好循環

親や先生をはじめ周囲の人々との親密で受容的な関係の中で、子どもは、成長や学習、健康、自己実現などを重視する建設的な価値観を学び取ることができます（価値の内在化）。そして、そのような温かい関係の中で、自己の価値観に沿って自らの意思で行動を起こそうとする構えができます。このとき、興味、関心、意識の高まり、挑戦的な課題を選択する姿勢、自分の力で成し遂げたいという欲求など、自律的動機づけの表れが観察できます。

行動を進める努力は自分を高めることであり、また、試行錯誤は成長欲求を満たし、楽しさや充実感を本人にフィードバックしてくれます。成功体験は有能感や自信を高め、たとえ取り組みが失敗に終わったとしても、やり方を立て直し、問題を解決して、再挑戦へと目を向けることができます。楽しさや充実感は自身の努力がもたらす結果であり、努力は喜びを伴うものとして心に根を下ろします。このような経験の蓄積によって心理的欲求が満たされ、より高い自律的動機づけの水準に達するとともに、次の挑戦へと興味が向いていきます。このような循環が自律的動機づけの足場となり、統合的な発達をもたらします。

一方、心理的欲求が満たされなかった場合にはどのようになるでしょうか。統制的な関係性のもと、「やらされている」感が強い行動に従事し、有能感を感じられない状況では子どもの自律的な行動は望めず、発達によい環境とはいえません。いかによい循環に流れを変えていくか。３つの心理的欲求がそのキーワードになります。

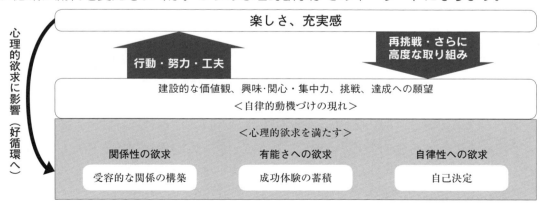

第4章 意欲を高める環境と支援
その1 子どもの動機づけを高める接し方

## ■自律性を支援する

　自己決定理論では自律性（自己決定）を大変重視していますが、現実の教育の中では子どもたちの自己決定に委ねられることばかりではなく、むしろ大人によるコントロールが必要な場合の方が多いかもしれません。例えば、「指示」は統制的なコミュニケーションですが、教師が子どもに一定の活動をさせるうえでは不可欠なものです。しかし、必要な統制を与えながらも、子どもたちが「自分たちの考えが尊重されている」と感じられるよう自律性を支援することは可能です。次のような先生や親の態度は子どもの自律性を支援する態度と言えます。

○**非統制的なコミュニケーションを心がける**
　「〜しなさい」、「〜すべき」などの統制的な言葉かけは必要なとき以外は控えめにして、アドバイスをしたり、子どもの意見を聞いたり、一緒に考えたりなど、非統制的なコミュニケーションを増やします。また、子どもを褒める際にも、「何かをやらせるために」褒めると統制的に伝わることがあります。非統制的なコミュニケーションは自律性支援の基本です。

○**子どもが自ら進んで意思決定できる機会を増やし、子どもが自ら責任を持とうとする態度を大切にする**
　子どもと一緒に目標ややり方を考える、いくつかの選択肢から自由に選べるようにする、子どもが自分で目標を立てる、などがあります。ただし、目標設定や選択が強制的な雰囲気にならないように注意しましょう。

○**子どもの視点や立場、経験を認める**
　子どもは大人と異なった視点や感じ方で物事をとらえるかもしれません。子どもの感じ方や視点を理解しようとする態度が、子どもの自律性の感覚を高めます。

○**理由づけ、価値を伝える**
　取り組みの意義や価値を伝えようとする態度が大切です。特に、重要でも面白みのないことに取り組ませる際や、不適切な行為を叱るときなどでは、大切です。

○**適度に挑戦的で、楽しく取り組める活動を工夫する**
　自己効力感を高めるとともに、子どもの好奇心を刺激します。

○**子どもに積極的に関わり、肯定的なフィードバックをする**
　子どもへの関与を通してよい関係性を築くとともに、「いいよ！」「いいね！」などの肯定的なフィードバックを通して、自律的な行動を後押しします。

　自律性の支援は、関係性の欲求や有能さへの欲求とも関連します。子どもの心理的欲求を満たしながら発達を促す社会的環境を築くことが大切です。

## 意欲を高める環境と支援
## その2 「無気力」を学ばせないために

**人はなぜ無気力になるのかを考える**

　少しでもうまくいかないとすぐにやる気を失い無気力になってしまう、何かに取り組もうとする自発的な反応が見られないなどの「無気力」は、意欲の対極にあるものといえます。子どもたちが無気力を身につけてしまうことは何としても避けたいものです。しかし、残念ながら無気力に陥ってしまい、本来の力を発揮できない子どもがいることも確かです。セリグマンらによって提唱された「学習性無力感理論」は、人がどのように無気力になるかについて示唆を与えてくれます。私たち大人が子どもたちに提供すべき健全な環境を考えるうえで、きわめて重要な視点です。ここでは、学習性無力感の考え方を視座に、子どもに無力感を学ばせないためにできることについて考えます。

### ■学習性無力感理論が教えてくれること

　学習性無力感理論が示す無力感の原因は、努力してもマイナスの状況（苦痛や欠乏など）から抜け出すことができない経験の繰り返しにあります。

　よく知られているセリグマンらによる犬の実験を紹介します。まず、30匹の犬を10匹ずつ3つのグループに分け、それぞれ図17のようにハンモックにくくりつけました。2つのグループには足に電極がつけられ、数十回の電気ショックが与えられます。そのうち1つのグループA（随伴群）では、犬は鼻でパネルをつつくと電気ショックを止めることができます。つまり、電気ショックを自らコントロールできる状況を体験させます。もう一方のグループB（非随伴群）は、パネルをつついても電気ショックを止めることができない仕組みになっています。つまり、自分では電気ショックをコントロールできない状況を繰り返し体験させるのです。3番目のグループC（対照群）は、電気ショックを体験させない対照群です。

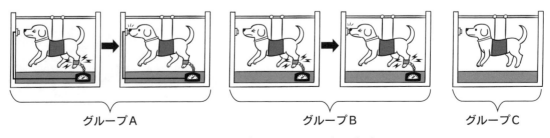

図17　セリグマンらによる犬の実験

このような前実験ののち、図18のようなシャトルボックス（電気ショックが与えられても十分に回避可能な環境）で電気ショックを与えた際に、実際にどの程度回避できるかを調べました。コントロールできる経験をした随伴群の犬は100％が柵を乗り越えることができました。一方、コントロールできない経験をした犬は25％しか柵を乗り越えることができず、その場にうずくまってしまいました。

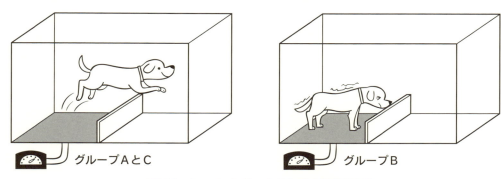

図18　シャトルボックスによる回避実験

つまり、自ら積極的に対処しようとする気力が失われ、無力感を学んでしまったのです。対照群の犬が90％近い確率で柵を乗り越えていたことからすると、自らコントロールできない経験がもたらす影響の大きさを物語る実験結果です。このような現象は、人間でも確認されています。

## ■無力感を学ばせない

子どもがマイナスの状況を自ら改善しようとする努力が、いつも徒労に終わると、絶望感が深く根を下ろします。「自分ではどうすることもできない」ことを学んでしまうのです。その結果、自発的な反応が低下する「動機づけの障害」、自ら反応することで結果を改善することができる状況でも「できない」と認知してしまう「認知の障害」、無感動になり、不安や抑うつが高まる「感情の障害」が生じるといわれ、人の無気力、学業不振、抑うつ、うつ病のモデルとして研究が進められてきました。

学習性無力感理論はその後、原因帰属や素因と関連づけられ、多様な発展が見られましたが、教育においては「子どもたちが自分の力で環境に働きかけ、コントロールしようと思えるような環境づくりや支援の重要性」が示されているといえます。

同時にこの理論は、「がんばっても結果につながらない」、「何を言っても聞き入れてもらえない」、「不安やストレスから逃れることができない」など、コントロール不能の体験と認識を蓄積させないこと、また、「自分の行動や努力が少しでも成果につながっている」という見通しを持たせ、それを実感できる体験を蓄積できるように支援していくことなどで、意欲・やる気の低下を抑えることができる可能性を示しています。この捉え方は、「自律性の支援」や「自己効力感」の考え方とも多くの共通点があり、子どもの総合的な発達に寄与する重要な考え方といえます。

意欲を高める環境と支援

## その3 「環境づくり」とヘルスプロモーション

### ヘルスプロモーションと学校教育

　1986年、WHOはカナダのオタワ市で開催された国際会議で「ヘルスプロモーションに関するオタワ憲章」を採択しました。そこでは、健康は「人生の目的ではなく、毎日の生活の資源」として位置づけられ、生活する一人ひとりが主役という考え方に立つとともに、健康の実現のための環境づくりを強調しています。

　ヘルスプロモーションの考え方は日本の学校教育にも大きく影響を与えています。平成9年の保健体育審議会答申においても、「時代の変化に対応し健康の保持増進を図っていくため、ヘルスプロモーションの理念に基づき、適切な行動をとる実践力を身に付ける」ことの重要性が示されています。

　学校は、子どもたちが健康の価値を獲得し、健康の保持増進の活動に参加し、多様な環境に積極的に働きかけながら自己実現を図る中心となる場です。ここでは、どのようにして健康を軸とした学校環境を形成するかについて、ヘルスプロモーションに関するオタワ憲章をひもときながら考えたいと思います。

## ■ヘルスプロモーションとは

　すべての人があらゆる生活の場で健康を享受できる公正な社会を創造するために、WHOは「ヘルスプロモーション」を提唱し、「ヘルスプロモーションに関するオタワ憲章」を採択しました。この中でヘルスプロモーションは次のように定義されています。

> **ヘルスプロモーションとは**
> 「人々が自らの健康をコントロールし、改善できるようにするプロセスである」

　ヘルスプロモーションの特徴としては、次のような点が挙げられます。
・人々の多様な価値観に基づく、生活の質（Quality of Life）の向上を図る。
・人々の参加による健康づくりである。
・多様な関連分野との協働を必要とする。
・本人の知識や技術を高めるだけではなく政策的・経済的・組織的・社会的・人的・物的などの総合的な「環境づくり」を重視する。

## 第4章 意欲を高める環境と支援
### その3 「環境づくり」とヘルスプロモーション

・主役は住民一人ひとりであり、保健などの専門職はファシリテーター（促進役）やコーディネーター（調整役）として支援する。

　このように、ヘルスプロモーションは、生活をする人々の価値観や生活の質に重きを置き、かつ、多様な環境への積極的な働きかけを重視しています。

## ■健康のための前提条件

　オタワ憲章では、健康のための基本的な条件・資源として次のものを挙げ、健康の改善にはこれらの基盤の確立が必要であるとしています。

> ・平和　・住居　・教育　・食物　・収入　・安定した生態系
> ・持続可能な生存のための諸資源　・社会的正義と公正

　このように、一見、当たり前に見えるものが実は健康を支えるきわめて重要な条件となっています。我が国において、必ずしもこれらの条件は十分整っているとはいえず、社会全体で取り組むべき課題が存在します。

　なお、ヘルスプロモーションにおいて重視されている「公正（公平）」は、すべての人々がニーズに応じて健康への資源を正しく利用し、健康を高めていく機会を等しく有していることを意味しています。このような「公正（公平）」の考え方は、ヘルスプロモーションを貫いている重要な柱であり、子どもたちにも伝えたい価値観です。

## ■ヘルスプロモーション活動の方法

　ヘルスプロモーション活動として、次のような方法が挙げられています。

「健康的な公共政策づくり」：公共政策のあらゆる部門において健康の視点を取り入れた政策づくりを進めます。

「健康を支援する環境づくり」：人々が相互に支援し合って、健康に影響する多様な環境を改善し、維持していきます。

「コミュニティー活動の強化」：ヘルスプロモーションは、人々が積極的に意思決定や実行に参加するコミュニティー活動において、より有効に機能します。地域の組織を活性化させ、人々の主体的な活動を強化します。

「個人的スキルの開発」：人々が生涯を通じて健康について学び、各ライフステージに応じて健康を保持増進するスキルを高めることを重視します。

「保健サービスの方向転換」：個人のニーズに焦点を当てた一次予防を中心とする積極的な健康づくりの場として方向転換を促します。

　このうち、「個人的スキルの開発」は本人のスキルを高める直接的な働きかけですが、ほかはすべて健康を高めるための「環境づくり」に関わる活動です。この考え方を学校に当てはめると、子どもたちが直面する健康課題への教職員全体の共通理解を図り、

学校の重要課題として位置づけ、教育課程などに盛り込み、校内の指導計画や保健活動に位置づけることが重要であると言えます。また、保護者や地域を巻き込んだ学校を中心とする健康コミュニティーづくりの重要性も読み取れます。

## ■ヘルスプロモーションの3つの基本戦略

では、ヘルスプロモーションではこれらをどのように実現しようとするのでしょうか。オタワ憲章には3つの基本戦略が示されています。

### 1）唱道（Advocacy）

環境条件を整えるには、政策や制度、財政、社会的・文化的環境など、さまざまな方面に健康の重要性を訴える唱道（アドボカシー）が重要です。

### 2）能力の付与（Enabling）

健康を実現するには、人々が生涯を通じて学ぶことができ、各ライフステージに応じた健康課題に対処できることが大切です。ヘルスプロモーションでは、健康情報や健康教育を提供し、ライフスキルを高めることによって、個人や社会の発展を支援します。そして、人々がよりよく健康や環境をコントロールし、健康に向けた選択ができるようにしていきます。健康教育が重要な戦略となります。

### 3）調停（Mediation）

ヘルスプロモーションの活動を進めるには、保健の専門領域だけではなく、政策、経済、行政、ボランティア団体、メディアなど広い分野が協働する必要があります。そのためには、健康を軸として調停・調整を図っていく必要があります。

この3つの基本戦略はいずれも人と人とのコミュニケーションによって行われるものです。

これらの考え方を学校に当てはめてみましょう。子どもたちが直面する健康課題の意義や重要性を、教職員や家庭、地域にわかりやすく腑に落ちるように提示することを通して、学校・家庭・地域の共通理解を高め、学校の重要課題に位置づけます。これが唱道（アドボカシー）に当たります。地域学校保健委員会、各種の学校内外の組織や委員会、保健だよりや学校だより、日常のコミュニケーションなど、さまざまな機会を捉えた唱道（アドボカシー）が重要な戦略になります。また、学年・学級、教育課程や学校内外の組織とのコーディネートを図り、保健活動や健康教育を計画的に実施する体制を整えます。これは調停・調整に位置づけられるでしょう。そして、保健活動や健康教育の充実が図られ、子どもたちの健康へのスキルの向上を図ります（能力の付与）。すなわち、養護教諭や保健主事などの積極的な唱道、調停・調整を通した健康教育の「環境づくり」が学校におけるヘルスプロモーションの基盤になります。

## ■ヘルスプロモーティング・スクールの特徴

　WHOは、学校を舞台としたヘルスプロモーションの展開として「ヘルスプロモーティング・スクール」を推進しています。ヘルスプロモーティング・スクールとは、「そこで過ごしたり、学んだり、あるいは働いたりする環境をどのように健康的なものにしていくかについて、絶えずその持てる力を強化し続けるような学校」です。学校を通じて地域に健康を広める意義も含まれています。具体的には、次のような特徴を持っています。

> 1．児童生徒などだけでなく、教職員、家族、地域構成員の健康をも改善しようと努力する。
> 2．利用しうるあらゆる手段を駆使して健康と学習の双方を促進させる。
> 3．学校を健康的な場にしようとするたゆまざる努力をし、保健や教育に関わる行政官、教師、教職員組合の代表、児童生徒、保護者、地域のリーダーなどを引き込む。
> 4．健康的な環境を提供し、健康教育を行い、また学校保健サービスを提供することに努力する。それらは、学校や地域のプロジェクトや奉仕活動、多様なプログラム、体育やリクリエーション、社会的支援と精神保健などのさまざまな活動と共になされるものである。
> 5．個人の自尊感情を尊重し、成功のための多種類の機会を提供し、達成度のみでなく、努力や意思についても承認するような方針と実践を展開する。
>
> 　　　　　　　　　　　　　　　　　　　　　　　　　　（衞藤他、一部改正）

　わが国では、地域学校保健委員会などを中核に、児童生徒、教職員、保護者、地域住民が協働し、多様なパートナーシップをもとに資源を持ち寄り、学校を取り巻く社会の健康的な環境を整備していく計画的な取り組みとしてイメージすることができます。

　ヘルスプロモーションの考え方には、激動する社会のなかで人々が自己実現するための、人としての生き方や価値観が反映されています。その考え方は、学びの場である学校とコミュニティーに縮図として存在します。子どもたちには、学校や地域での育ちを通して、ヘルスプロモーションの価値観や生き方を学んでほしいと思います。

## 第4章 意欲を高める環境と支援
# まとめ

　本章では、3つの要素からなる全体構造のうち、健康な子どもを育てるために、私たち大人が築きたい土壌を示す「意欲を高める環境と支援」（太陽図）に焦点を当てて述べてきました。

　「その1」では、動機づけに関する中心的な理論である自己決定理論を参考に、子どもたちの統合的な成長を促進するために押さえたい3つの「心理的欲求」に焦点を当てました。特に、自律性支援（自分で決めて、自分の意思で行っている感覚をいかに支援するか）について具体例を紹介しました。

　「その2」では、学習性無力感の考え方を参考に、私たち大人が子どもに無力感を学ばせてしまう可能性に目を向けました。いかに自分の力を信じさせることができるか、子どもにとって重要な社会的環境である私たち大人のあり方が重要になります。

　本書の前半部分の締めくくりとなる「その3」では、子どもが自己実現するために基盤となる健康的な社会について、ヘルスプロモーションの考え方を確認しながら、総合的な「環境づくり」について述べました。ヘルスプロモーションの考え方の広さと深さ、そして「生き方」としての価値観を確認していただければと思いました。

　次のページから始まる「実践編」では、小・中・高等学校などで、養護教諭として児童生徒の保健指導に当たってこられた先生方の保健指導例を紹介します。具体的な実践のヒントが満載であり、本章までのポイントが有効に散りばめられ、より深い理解につながるとともに、子どもたちの顔を思い浮かべながら、「私ならこうしたい」とインスピレーションがどんどん広がっていくことと思います。実践を参考に、さらなる工夫へとつなげてください。

【第4章の参考文献】

島内憲夫（編訳・解説）鈴木美奈子（訳書評）『ヘルスプロモーション～WHO：オタワ憲章～』垣内出版，2013

衞藤隆他「Health Promoting School の概念と実践」『東京大学大学院教育学研究科紀要』第44巻，451-456，2004

内山源（著）『ヘルスプロモーション・学校保健―健康教育充実強化に向けて―』家政教育社，2009

渡邉正樹（著）『健康教育ナビゲーター』大修館書店，2002

徳山美智子他（編著）『学校保健安全法に対応した 改訂 学校保健－ヘルスプロモーションの視点と教職員の役割の明確化』東山書房，2009

# 実践編

## 実践編の構成

ここからは、前半部分で解説した内容を生かした実践を紹介します。
　実践は12本あり、小学校（特別支援学級を含む）、中学校、高等学校のさまざまな内容をとりそろえています。

---

実践①　セルフアイチェックでよい視生活を（小学校）
実践②　「朝ごはんチャレンジ」をしよう（小学校）
実践③　けがの手当のやり方を覚えよう（小学校）
実践④　おなかの「よい子菌」を増やして、バナナうんちを出そう！（小学校特別支援学級）
実践⑤　むし歯・歯肉炎を治療しよう（小学校・中学校）
実践⑥　コミュニケーションスキルを高める性に関する指導（中学校）
実践⑦　中学生のインターネット依存の予防（中学校）
実践⑧　自己効力感を高めるリラクセーション「呼吸法」（小学校・中学校）
実践⑨　チームを守り、育てよう（中学校）
実践⑩　けがや故障を防ぐセルフケア（中学校）
実践⑪　高校生のスマートフォン使用の問題を考えよう（高等学校）
実践⑫　「SLEEP DIARY」で生活習慣を振り返る（高等学校）

---

「実践編」は1つの実践につき、4つのパートで構成されています。
①最初のページに掲載されているのが、実践を行う背景（健康課題やねらいなど）、指導内容のアウトラインなどの概要をまとめたものです。

指導の概要

②指導の概要の隣のページには、指導の中で使用するワークシートや指導資料などを紹介しています（このページに掲載されているワークシートなどは付属のCD－ROMに収録されています。使い方などは、6ページをご覧ください）。

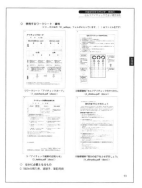

使用するワークシート等

③その次のページから
は、具体的な実践の流
れを紹介しています。
　実践の流れの中で
は、ワークシートや指
導資料をどのように使
うのかを詳しく紹介し
ています。

実践の流れ

　実践の流れの中には、下のようなポイント解説が随所に入っ
ています。これは前半で解説した内容が含まれている部分であ
ることを示しています。【　】の部分は、13ページ図4の行動
変容のための全体構造の3つの図のいずれかが入っています
（【バルーン図】は2章の内容、【PDCAサイクル図】は3章の
内容、【太陽図】は4章の内容になります）。

（例）

**重大性の認識・意志決定バランス【バルーン図】**
視力低下が進むと学習や運動に不便なこと、回
復しづらいことに気づかせ、生活習慣改善の必
要性に気づかせます。

※左のような養護教諭のイラストが入っている部分は、指導の
　中の注意点、発展例などを示しています。

④最後のページでは、実践の中での
行動変容に結びつけるポイントをま
とめています。

行動変容に結びつける
ポイント

## 実践① セルフアイチェックでよい視生活を

対象：小学校4、5、6年生　指導方法：集団＋個別

**保健指導の背景……健康課題の把握、指導のねらい、概略**

　視力が低下する小学生は年々増加し、視力低下予防は学童期の重要な健康課題です。その大部分を占める近視の原因には遺伝要因と、学習や読書などの近業作業をする時間の増加やその際の部屋の環境、テレビやゲーム、パソコン、携帯電話などの環境要因の双方が関わっていると考えられています。学校現場では、環境要因へのアプローチとして、目を疲労させないように生活習慣を見直すことや視力低下に早く気づくこと、またそれを放置せずに眼科医の診察を受けることなどを指導することにより、視力低下の予防ができるのではないかと考えられます。

　実践した小学校も、全校児童の約3分の1が視力1.0未満と視力低下者が非常に多い学校でした。そこで児童自身が定期的に視力をチェックして視力低下に早く気づくことができるようにするとともに、養護教諭による個別保健指導を通して目の使い方を見直し、それ以上の低下を防ごうとする態度を育成することを目的に「セルフアイチェック」を行いました。

### 指導のアウトライン　　　工夫点・行動変容に結びつけるポイント

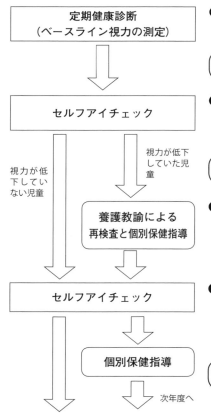

●職員会議等で提案し、担任教師にベースライン視力の測定や事前指導等について協力を依頼します。

※環境づくり

●児童は休み時間や放課後などに自分で（または友達同士で）視力のセルフチェックを実施し、その結果をアイチェックカードに記録します。

※罹患性・重大性の自覚

●保健室では再検査を行い、実際に視力が低下していた児童には個別保健指導を行います。

●「アイチェック結果のお知らせ」は結果を家庭に通知するとともに、目を疲労させる生活行動の有無を児童と保護者がチェックリストで振り返り、改善に取り組むための具体的な目標を記入できるように工夫します。

※社会的サポートの活用

## 行動変容を引き出す 実践①
### セルフアイチェックでよい視生活を

◇ 使用するワークシート・資料
（CD-ROMの「01_selfeye」フォルダに入っています。〈 〉はファイル名です）

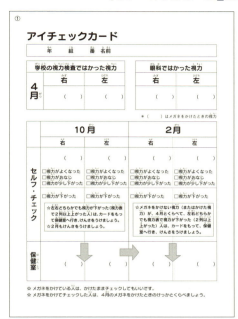

① ワークシート「アイチェックカード」
〈1_eyecheck.pdf（docx）〉

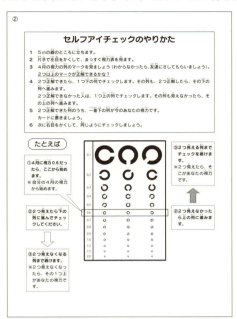

② 指導資料「セルフアイチェックのやりかた」
〈2_shidou.pdf（docx）〉

③ 「アイチェック結果のお知らせ」
〈3_kekka.pdf（docx）〉

④ 指導資料「視力の低下をふせぎましょう」
〈4_shiryoku.pdf（docx）〉

◇ ほかに必要となるもの
0.1刻みの視力表、遮眼子、筆記用具

## 実践の環境づくり（実態把握・啓発・提案等）

①学校保健委員会で小学校の視力低下が増えていることや学校での実態を報告し、取り組みの必要性について協議する。また保健だよりを通じて保護者に啓発を行う。

②ベースラインの視力を把握するため、定期健康診断で0.1刻みの視力表を使用して、視力検査を行うことを提案する。

> **環境づくり【太陽図】**
> 教職員の協力体制を確立し、学校医と協力し、家庭と連携することが大切です。

## 集団指導の流れ

### 1 実施計画の作成、職員会議での提案

①担任教師などの協力を得るため、「セルフアイチェック」の実施目的や方法等について会議で提案する。教職員の負担感が多くなりすぎないように計画を工夫する。

> ☆セルフアイチェックの提案内容（例）
> ・10月と2月の各2週間ほどを「セルフアイチェック実施期間」として設定する。
> ・期間中は視力表を4～6年の各教室に1枚ずつ配布するほか、学年ごとに特別教室を会場として指定し、視力表を掲示し、児童に視力のセルフチェック「セルフアイチェック」を実施させる。
> ・その結果視力が視力表で4月の視力検査より2段階以上下がっていた児童は保健室で再検査を実施する。
> ・再検査で視力低下があった場合は個別の保健指導を実施、生活習慣の見直しを促す。

②定期健康診断で0.1刻みの視力表を使用して視力検査を行い、ベースラインの視力を把握する。

### 2 事前準備と指導

①「アイチェックカード」と「セルフアイチェックのやり方」を準備し、定期健康診断の視力検査の結果を「アイチェックカード」に記入する。

②0.1刻みの視力表を教室（特別教室）に掲示する。

③①を児童に配布し、口頭でセルフアイチェックのやり方を説明する。

> ☆セルフアイチェックのやり方
> 1　5mの線のところに立つ。
> 2　片手で左目を隠し、まっすぐに視力表を見る。
> 3　4月に測った視力検査の結果と同じの列のランドルト環を見る。
> 4　2つ正解できたら1つ下の列でチェックし、その列も2つ正解したら、その下の列も同様にチェックする。2つ正解しなかったら上の列に進み、2つ見える列までチェックを続ける。
> 5　2つ正解できた列のうち一番下の列を、現在の視力として、「アイチェックカード」に記録する。
> 6　右目を隠し、3～5と同様にチェックする。

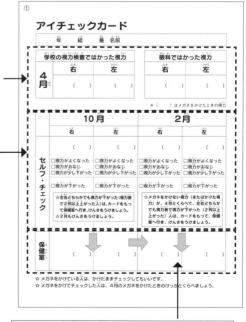

この部分は、再検査（次のページ参照）の中で使用します。

**行動変容を引き出す　実践①**
セルフアイチェックでよい視生活を

## 3 セルフアイチェックの実施

①休み時間や放課後などに自分または友達同士で、掲示した視力表で左右の視力を測り、結果を記入させる。

- 担任教師に実施指導を依頼するほか、校内放送で児童に実施を呼びかける。
- 保健委員会の児童に、自分のクラスや4年生のチェックを補助するように指導するとよい。
- 原則として裸眼でチェックするが、視力のよくない児童への配慮のため、眼鏡使用者は眼鏡をかけてチェックしてもいいこととする（裸眼視力は保健室で検査）。

②視力のセルフチェック結果が4月と比べて0.2より下がっていた児童は、保健室にカードを持参して再検査を受けるよう指導する。→**個別指導（再検査）へ**

> **自分事・重大性の自覚【バルーン図】**
> 児童がセルフチェックを実施し、自分で視力低下に気づくことができるようにします。

## 個別指導の流れ

### 1 養護教諭による再検査

①セルフアイチェックで視力の低下がみられた児童に保健室で再検査を行い、アイチェックカード（前のページ参照）に記入する。

- 休み時間や放課後の15～20分間で実施する。

② 視力低下があった児童には個別の保健指導を実施する。

- 再検査で視力低下が見られなかったら、次回のセルフチェックまで様子を見て、視力低下の自覚があれば、早めに眼科医の診断を受けるか、保健室で視力検査を受けるように指導する。

### 2 個別の保健指導の実施

①養護教諭が「アイチェック結果のお知らせ」に学年、組、名前、4月と再検査の視力、視力の変化、家庭への連絡欄等を記入して配布し、生活習慣チェック項目を読み上げ、児童に当てはまる欄に○印を記入させる。

> **自分事としての認識【バルーン図】**
> ○がついた項目が多いと、今より視力が低下する可能性があることに気付かせます。

②○印がついた項目について、「どんなときにそうなりやすいか」「どうしたらふせげるか」などを質問して、一緒に考える。

> **重大性の認識・意思決定バランス【バルーン図】**
> 視力低下が進むと学習や運動に不便なこと、回復しづらいことに気づかせ、生活習慣改善の必要性に気付かせます。

実践編

③ 指導資料「視力の低下をふせぎましょう」を渡し、本人の生活習慣の状況や発達段階に応じて、視力低下を防ぐための生活習慣について指導する。
・時間が足りないときは、持ち帰って保護者と一緒に読むように指導する。

> **有効性の認識【バルーン図】**
> 視力低下を防ぐ生活習慣について、説明し、問題解決のための知識や情報を提供します。

④
―おうちの人といっしょに読みましょう―
### 視力の低下をふせぎましょう

小学生から中学生にかけては視力が低下しやすい時期です。視力が低下すると学習の時に文字が見えづらかったり運動の時にボールが見えづらかったりして困ることがあります。大学生への調査でも視力が悪いことはとても不便で、視力をよくしたいと強く思っていることがわかりました。今のうちから視力が下がらないように、生活習慣に気をつけましょう。

◎視力低下を防ぐポイント
◇ 目をつかれさせる生活習慣を改善しましょう。
◇ 目をけがしたり、傷をつけたりしないようにしましょう。
◇ 視力低下に気づいたら早めに眼科の先生にみてもらいましょう。

(1) 目のつかれを防ぎましょう
・テレビ、ゲームやパソコンなどは、時間を決めてやりましょう（40分以上は続けない方がよいでしょう）。
・目がつかれたら40～50分ごとに休憩をとったり、軽く全身を動かして運動をしたりしましょう。

(2) 学習や読書（マンガを含む）をする時や、テレビを見る時などは正しい姿勢にしましょう
・背筋を伸ばしていすに座り、机から頭を20～30cm離すようにしましょう。
・テレビは2～3mぐらい離れて見るようにしましょう。
・ゲーム、パソコン等は、画面に目を近づけすぎないようにしましょう。
・寝転んだり、布団の中で読書（マンガを含む）をしたり、ゲームをしたりしないようにしましょう。

(3) 部屋の明るさに注意しましょう
・学習や読書（マンガを含む）、テレビ、ゲーム、パソコンなどは明るい部屋でしましょう。
・直射日光が当たるなど明るすぎる場合は、カーテンなどで調節しましょう。

(4) 目をけがから守りましょう
・前髪が長くて目にあたる場合は、切るかピンで留めるようにしましょう。
・けがをしないように注意しましょう。

(5) 視力が低下していると感じたら生活習慣を見直して、眼科の先生にみてもらいましょう
・視力にあったメガネを使いましょう。
・定期的に検査を受けましょう。
・コンタクトは眼科の先生の指導を受けて使いましょう。
・規則正しい生活習慣で、健康によい生活を送りましょう。

④ 「アイチェック結果のお知らせ」カードを家庭に持ち帰り、○印がついた項目を改善するための目標と保護者のコメントを記入し、一週間以内に保健室へ提出するよう指導する。

> **社会的サポート・目標設定【PDCA サイクル図】**
> 保護者と一緒に生活習慣のチェック項目を見直したり、改善の目標を決めたりすることで、保護者のサポートを得られるようにします。

③
### アイチェック結果のお知らせ

| 年 月 日 | 年 組 名前 | | |
|---|---|---|---|
| 4月の視力 | 今回の視力（保健室での再検査） | 4月と比べて | ご家庭への連絡欄 |
| 右 ( ) | ( ) | □よくなった □やや下がった □おなじ □かなり下がった | □視力の低下が著しいので、眼科受診をおすすめします。 |
| 左 ( ) | ( ) | □よくなった □やや下がった □おなじ □かなり下がった | |

1 当てはまるものに○をつけてみましょう。
～視力を下がりやすくするような、生活のしかたをしていませんか？～

| 1 長い時間勉強をしたり、本（マンガもふくむ）を読んだりしている。 | 5 視力が下がったとかんじているが眼科に行っていない（検査を受けていない）。 |
|---|---|
| 2 長い時間、テレビゲームをしたりパソコンを使ったりしている。 | 6 眼科の先生にめがねを使うよう言われているのに、使っていない。 |
| 3 勉強や読書、ゲーム、テレビを見るときへやがくらい。 | 7 食べ物の好ききらいをしたり、栄養がかたよったりしている。 |
| 4 勉強や読書、ゲームなどのとき、姿勢が悪い（ねころぶ・目を近づけるなど）。 | 8 前がみが目にかかったり、よく目をこすったりする。 |

◇目がつかれたり、傷がついたりすることで、視力が下がりやすくなります。
◇視力が下がったまま、ほうっておくと、学習がしづらくなったり、体調が悪くなったりします。
　また、視力がどんどん下がってしまいます。

2 視力を下げないために、どんなことに気をつけたいと思いますか？

3 おうちの人から

☆カードをもらって、一週間以内に、保健室に出してください。
◎2月に次のチェックがあります。それまで、生活のしかたに注意してすごしましょう。

行動変容を引き出す 実践①
セルフアイチェックでよい視生活を

## 行動変容に結びつけるポイント

　学齢期は視力の低下が大変激しい時期です。学校保健統計調査によると、裸眼視力1.0未満の者は小学生から中学生にかけて急増します。また、年々増え続けており、学齢期の重要な健康課題です。その背景には子どもたちの生活の変化があります。学習、ゲーム、パソコン、テレビなど知らず知らずに目は酷使され、気がついたら視力が大きく低下していることは少なくありません。
　「セルフアイチェック」の実践は、校内の環境づくり、児童によるセルフアイチェック、個別指導における生活改善と受診の勧めなどの一連の実践の中に、「太陽図」、「バルーン図」、「PDCAサイクル図」の行動変容のポイントがたくさん散りばめられています。

### 実践に向けた「環境づくり」が実践の土台となる

　児童の視力低下の実態について学校全体で共通理解を持ち、学校の重要課題として位置づけています。学校保健委員会や保健だよりを通じて、児童の視力低下の実態を教職員や家庭にわかりやすく提示し、共通の価値観を確立することによって、「セルフアイチェック」の実践への協力体制を構築しています。

### 自分たちでチェックすることが「自分事」「重大性」の認識につながる

　子どもたちは、自分の体の状態を測定することは大好きです。視力を自分でチェックすることで、視力の状態を「自分事」として捉えることができます。また、視力の低下が見られたときには早期に発見できるとともに「重大さ」の認識が高まります。そこから「危機感」が芽生え、視力低下防止への行動意欲が生まれます。

### 生活をチェックし、有効な健康行動の知識を提供する

　「視力の低下を防ぎたい」という気持ちが高まったときに、有効な方法である「視力低下を防ぐポイント」（すなわち健康行動の知識）がタイミングよく示されているところに注目してください。「やりたい」（意欲）と「どのように」（有効な方法）がそろうことで、行動への一歩が生まれます。特に、自分でできる具体的な生活習慣の見直しは自己効力感を高めます。また、早めの受診を勧めることは早期治療に向けた医療への橋渡しになっています。

### 家庭を巻き込み、社会的サポートを充実する

　「アイチェック結果のお知らせ」を活用して家庭を巻き込み、保護者と生活を見直したり、目標を決めたりして、家庭でのサポートを充実します。児童の生活行動の変容には、家庭のサポートが不可欠です。

実践編

## 実践② 「朝ごはんチャレンジ」をしよう

対象：小学校全学年　指導方法：集団＋個別

> **保健指導の背景……健康課題の把握、指導のねらい、概略**
>
> 　子どもたちが充実した学校生活を送るには、体のコンディションを整えることが大切です。特にバランスのとれた食生活や十分な睡眠、適度な運動などの健康的な生活習慣の重要性は繰り返し指導したいものです。しかし「生活習慣の指導はなかなか子どもたちの実践に結びつかない」という声がよく聞かれます。では子どもたちの生活習慣を変容させるには、どのようなこつがあるでしょうか。
>
> 　運動会の練習をする時期になると、体調不良で来室する児童が増えます。来室する児童に朝食の摂取状況を問診すると、食べてきていなかったり、食べていても栄養が偏っていたり、量が少なかったりする子どもが多いという実態がありました。そこで全校対象の保健指導の時間にバランスのよい朝食摂取の重要性を取り上げるとともに、体調不良で来室した児童にその場で個別保健指導が行えるようなプログラムを作成し、実践しました。

実践編

### 指導のアウトライン　　工夫点・行動変容に結びつけるポイント

全校対象の保健指導
（運動会前の朝会）

- ●実態を把握し、保健室経営計画に位置づけます。
- ●体調不良による来室者が増える運動会前に、全校児童に保健指導を行います。

※自分事・重大性の発覚、自分事の認識

↓

保健室来室時（体調不良）の問診・保健指導

- ●全校対象の保健指導を想起させ、朝食が不十分なまま運動をすると体調不良の原因となりやすく、パフォーマンスも低下することに気づかせます。
- ●パネル資料を活用し、栄養バランスのよい朝食について指導します。

朝食を毎日バランスよく食べている児童

朝食の習慣が不十分な児童

養護教諭による個別指導（必要に応じて追加の指導日を設ける）

- ●体調や時間の都合により十分な指導を行えない場合は、新たに指導日を設けて指導します。

↓

セルフモニタリングと家庭との連携

- ●バランスのよい朝食を食べるための目標を設定し、それを達成できたかどうかを「朝ごはんチャレンジカード」に記入するよう指導します。
- ●一週間ごとに振り返りや評価を行います。

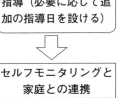
※セルフモニタリング・問題解決
※社会的サポートの活用

↓

次年度　全校対象の保健指導

# 行動変容を引き出す 実践②
## 「朝ごはんチャレンジ」をしよう

◇ 使用するワークシート・資料
（CD-ROMの「02_asagohan」フォルダに入っています。〈 〉はファイル名です）

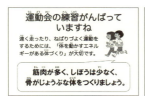
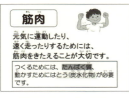
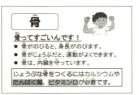

保健指導資料
〈shidou.pdf（pptx）〉

体調不良時の問診カード
〈1_monshin.pdf（docx）〉

朝ごはんチャレンジカード
〈2_challenge.pdf（docx）〉

## 実践の環境づくり（実態把握・啓発・提案等）

保健室利用時の様子などから児童の実態を把握し、保健室経営計画への取り組みを位置づけ、教職員に協力を求める。また学校保健委員会で議題として取り上げたり、保健だよりで啓発したりするなど、家庭や地域との連携を図る。

> **環境づくり【太陽図】**
> 児童の実態を把握し、教職員や家庭地域の協力を得られるよう啓発活動を行います。

## 全校指導の流れ

### 全校対象の保健指導

「朝ごはんで、元気に運動できる体をつくろう！」運動会前の全校保健指導の時間に、毎日栄養バランスのとれた朝食をとることの大切さについて保健指導を行う。

> **自分事・重大性の自覚【バルーン図】**
> 朝食が不十分なまま運動をすると体調不良の原因となりやすく、パフォーマンスも低下することに気づかせます。
> **知識の提供【バルーン図】**
> 行動のきっかけとなる知識や情報を提供します。

＜保健指導の流れ＞
① 運動のパフォーマンスを上げたり、持久力をつけたりするためには、「筋肉が多い、脂肪が少ない、骨が丈夫」などの体を動かすエネルギーがある体づくりが大切であることを知らせる。
② 人の体は、水やたんぱく質、脂肪、ミネラルや炭水化物でできており、これらで、骨や筋肉、血、脳、内臓、皮膚などがつくられていることを知らせる。
※ 太りたくなくて食事を減らすと、体の大切な働きができなくなることに気づかせる。

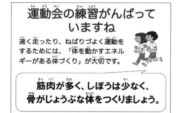

③ 筋肉や骨を発達させるには、たんぱく質、糖、カルシウム、ビタミンDなどの栄養をとる必要があることを知らせる。また、脳のエネルギーは糖であり、エネルギーが足りなくなると、考える力が落ちたり、いらいらしたり、具合が悪くなったり、けがをしやすくなったりすることを知らせる。

## 行動変容を引き出す　実践②
### 「朝ごはんチャレンジ」をしよう

④　食べ物は、主に体のエネルギーになる炭水化物や脂肪を含む「黄色のたべもの」、主に体をつくるたんぱく質やカルシウムを多く含む「赤のたべもの」、主に体の調子を整えるビタミンを多く含む「緑のたべもの」に分けられることを知らせる。

⑤　毎日の朝食で、黄色、赤、緑の食べ物をバランスよく食べれば、体を丈夫に成長させ、運動するエネルギーも得られ、体の調子も整えられて、学習や運動を効率よくできることに気づかせる。

⑥　朝食の問題は児童だけで改善するには限界があるため、栄養バランスのとれた朝食をしっかり食べることができるように、家族で話し合うよう促す。
　※健康的な朝食の習慣形成は、家庭の生活習慣に関わる問題である。日頃から保護者会などの機会に働きかけたり、保健だよりなどで発信したりし、啓発活動を行う。

## 個別指導の流れ

### 1　保健室来室時（体調不良）の問診

体調不良で来室する児童に、朝食の摂取の有無や内容を問診する。問診カードに朝食摂取についての項目を入れておき、自分で記入させるようにする。

**自分事として認識【バルーン図】**
問診カードを活用して問診を行うことで、自分の体調不良が朝食の問題と関係があることに気づかせます。

### 2　個別の保健指導の実施

問診カードをもとに、当該児童が訴える症状を受け止めながら、朝食を食べなかったことと健康との関係について保健指導を進める。

**有効性・重大性・問題解決・意志決定【バルーン図】【PDCAサイクル図】**

※全校保健指導の資料（前ページ参照）を印刷してパネルに貼って活用する。
・体調不良は朝食を食べないことで起きていることに気づかせる。
・朝食を食べないと、自分の健康や学習、運動、特技などにどれほど重大な影響があるかを具体的に気づかせる。

- 朝食を食べるとどんなよいことがあるかを、一緒に考えながら挙げていく。
  ※できるだけ数多く挙げさせる。
- 毎日朝食を食べることの障害になることを挙げ、その解決方法を一緒に考えていく。
- 朝食を食べる意思決定をし、周囲に話して、サポートが受けられるようにする。

### 3 セルフモニタリング・家庭との連携

①朝食の問題は児童だけで改善するには限界があり、家庭に働きかけて食生活を見直してもらうことが重要であるため、担任などと連携し、家庭に働きかけを行う。
- 児童本人も朝食の習慣を改善する意志を家族に伝え、サポートを求めるようにアドバイスする。

②必要に応じて「朝ごはんチャレンジカード」を使い、問題解決の支援を行う。
- 「めあて」がどれくらい守れたのか、児童が自己評価して記録する。

- 児童はその過程で進歩を自覚し、意欲を高め、うまく目標を達成できないときには問題解決のヒントを見つけ出す。

- 家族から毎日サインをもらい、最終日にはコメントを書き込んでもらい、朝食チャレンジについて家族のサポートを得られるようにする。

- 一週間のチャレンジが終わったら、カードを提出させ、実践状況の自己評価を建設的に評価し、その経過で明らかになった問題の解決を支援する。
  例：起きる時間が遅くて朝食を食べる時間が足りない→起きるのが遅くなる原因や解決策を一緒に考える。

> **セルフモニタリング・問題解決【PDCAサイクル図】**
> 実践状況を客観的に捉え、意欲と問題解決スキルを育みます。

> **社会的サポートの活用【PDCAサイクル図】**
> 朝食の問題は保護者の協力が必要であることに気づかせ、協力を求めるよう促します。また担任などと連携し、家庭に働きかけを行います。

行動変容を引き出す　実践②
「朝ごはんチャレンジ」をしよう

## 行動変容に結びつけるポイント

　運動会は子どもたちが楽しみにしている学校行事です。力いっぱい競争や演技をし、一生懸命な表情が感動を与えてくれます。「運動会で力を出したい、楽しみたい」「体力をつけて成果を出したい」このような子どもたちの前向きな夢を実現させてあげたいものです。しかしながら運動会の練習が始まると体調不良を訴える児童が増えてしまう実態もあります。その現状を捉え、保健指導を展開したのが「朝ごはんチャレンジ」です。まさに、子どもの夢をサポートするためのタイムリーな保健指導です。運動パフォーマンスを高めたり、筋肉や骨を発達させたりするための栄養バランスのとれた食事の重要性を指導しています。

実践編

**児童の実態を教職員や家庭に知らせ啓発活動を行う**
　「元気に運動ができる体をつくる」ことと朝ごはんの重要性について、さまざまな機会・方法を使って啓発活動を行い、学校と家庭で共通理解を持ち、協力体制を形成しています。このような「環境づくり」が充実した保健指導の土台になります。

**朝食が不十分なまま運動すると……**
　楽しみにしている運動会で活躍することは児童にとっては「重要なこと」です。一方、力が発揮できない状態になってしまうことは「重大な問題」といえるでしょう。子どもの価値観に触れることによって、子どもは「重要性・重大性」、そして「自分事」として自覚するようになります。この実践では、「自分にとって重大（重要）なこと」としっかり認識できるように、指導の機会と題材が設定されています。

**集団指導における知識の提供**
　課題に対応するための具体的な知識として、筋肉・骨・脳の機能と栄養素との関連が分かりやすく説明され、栄養バランスの大切さについての理解へとつながっています。栄養バランスを考えてしっかり食べることの大切さが、腑に落ちるように理解できることでしょう。

**個別の保健指導で朝食摂取の有無と体調不良の因果関係に気づかせる**
　体調不良で保健室に訪れた子どもに、問診カードを用いるなどして、朝食摂取の有無と体調不良の関係（因果関係）に気づかせています。これにより、自分の大切な活動をしっかり行うためには朝食を食べることがいかに大切であるかがわかり、実践に向けた問題解決、セルフモニタリングへの意欲につながっていきます。子どもの理解の変容を丁寧に促している実践です。

# 実践③ けがの手当のやり方を覚えよう

対象：保健委員会（小学校5、6年生）　指導方法：集団

**保健指導の背景……健康課題の把握、指導のねらい、概略**

運動会において、高学年の児童は、選手として参加するのみならず運営者としての役割も期待されています。児童保健委員会の子どもに、救護活動の補助をさせる学校も多いと思われます。

5年生の保健学習の内容と関連づけながら、保健委員の児童に対して「けがの応急手当」の指導を行うことで、「自分にも正しい手当の補助を行うことができそうだ」という自己効力感や、「みんなの役に立ちたい」という自己有用感を育みたいと考えました。運動会の数日前に開催された係会において、「けがの応急手当」に関する保健指導を行いました。

## 指導のアウトライン　　工夫点・行動変容に結びつけるポイント

保健学習「けがの防止」
保健指導
保健室での日常的な指導

⬇

保健委員会（救護係）での
保健指導

⬇

運動会などにおける救護の補助活動

⬇

児童会朝礼における保健指導

● けがをした児童や、付き添いとして来室した保健委員に対して、日常的に保健学習や保健指導で学んだ知識やスキルを思い出させるような声かけをしながら、養護教諭が手当を行うようにします。

● 運動会で発生頻度が高いけがを予測し、事前に手当の仕方を学び、補助のやり方も練習することで、自信を持って救急処置の補助に臨むことができます。

※行動リハーサル・自己効力感の向上

● 傷を見ることや応急手当が苦手な児童には、そばで励ますだけでも、立派に役目を果たすことになると伝えます。

※社会的サポートの意義を知る

● 保健委員の児童に対して、救護活動で得た知識をもとに、けがをした児童に手当のやり方や注意点を伝えるように促します。

※自己効力感

● 朝礼で保健委員による保健指導を企画し、意識の高揚や知識の定着を図ります。

# 行動変容を引き出す 実践③
## けがの手当のやり方を覚えよう

◇ 使用するワークシート・資料
（ＣＤ－ＲＯＭの「03_teate」フォルダに入っています。〈 〉はファイル名です）

①手当カード
〈1_teatecard.pdf（docx）〉

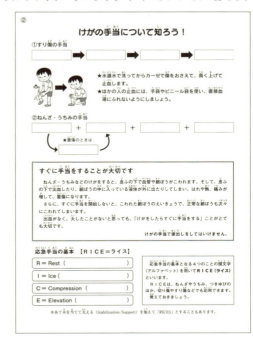

②ワークシート
〈2_worksheet.pdf（docx）〉

④説明プリント（すり傷）
〈4_surikizu.pdf（docx）〉

⑤説明プリント（ねんざ）
〈5_nenza.pdf（docx）〉

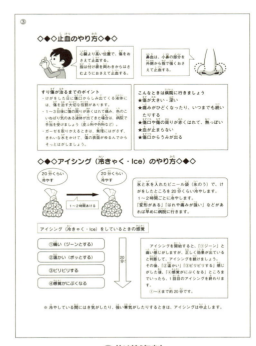

③指導資料
〈3_sidou.pdf（docx）〉

## 実践の環境づくり（実態把握・啓発・提案等）

- 救護係（保健委員）が行う手当の補助内容を検討する。指導内容や要旨を整理し、要項を作成する。
- 管理職・保健主事・保健担当職員に救護係の活動内容及び指導内容等の理解を得る。
- 救護係会（保健委員会）開催の時間や場所を確保する。
- 運動会担当・担任教諭を通じて、救護係会（保健委員会）を開催することを、保健委員の児童に告知する。

## 集団指導の流れ（養護教諭→保健委員）

### 1 運動会で発生するけがを予測する

①運動会で発生するけがはどのようなものが考えられるか、予測してグループ別に話し合う。
- 自分の経験も思い出すように促す。
- 保健委員の人数が少ない場合は、全員で話し合う。

> **重大性の認識【バルーン図】**
> 適切な対応をすることの重要性を感じさせます。

②過去の運動会におけるけがの統計や事例を提示して、けがの手当をするイメージをさせる。

### 2 けがの手当の仕方を学ぶ

①グループ別に、手当カードを配り、「すり傷」「ねんざ・うちみ」の手当の手順を考えさせて、カードを並べる（カードは切りはなして使用する）。

例）Q1：すり傷の手当の手順について、空欄にカードを並べましょう。

☐ ➡ ☐ ➡ ☐ ➡ ☐

（回答例）
- 流水（水道水）であらう→消毒する→ガーゼをあてる→テープでとめる
- 流水（水道水）であらう→ガーゼをあてる→強めにおさえる→ばんそうこうをはる
- 流水（水道水）であらう→止血する→消毒する→ばんそうこうをはる

Q2：ねんざ・うちみの手当のやり方を、手順のとおりにカードを並べましょう。

☐ ＋ ☐ ＋ ☐ ＋ ☐

（回答例）
- 動かさない＋氷（氷水）で冷やす＋強めに押さえる＋高く上げる

## 行動変容を引き出す 実践③
### けがの手当のやり方を覚えよう

② ワークシートを配布し、すり傷とねんざ・うちみの手当のやり方を確認して、ワークシートに記入する。
- ねんざ・うちみの手当で重傷のときは「あて木をする（固定する）」ことを話し、ワークシートに記入させる。

③ RICE処置の原則に従って手当を行うことを知る。
（記入例）
- R＝Rest（動かさない）
- I＝Ice（氷・氷水で冷やす）
- C＝Compression（強めにおさえる）
- E＝Elevation（高く上げる）

### 3 救護活動の補助の仕方を体験する

① 指導資料を配布し、実際の救急用品を用いて、応急手当の補助を練習する。
- 必ず養護教諭の指示で行う。

> **行動リハーサル・自己効力感の向上**
> **【PDCAサイクル図・バルーン図】**
> 成功の疑似体験をすることで自己効力感が高まります。

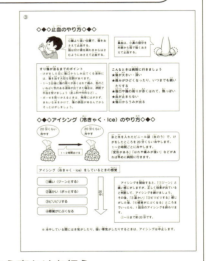

☆すり傷の手当に関する指導時の注意点
- すぐにばんそうこうを貼ったり、流水で洗わずに消毒だけをしたりするのではなく、流水で丁寧に泥や砂粒を洗い流すことが、とても大切であることを理解させる。
- 血液の取り扱いは慎重に行うことが必要であることも、伝えるようにする。

☆ねんざ・うちみの手当に関する指導時の注意点
- すぐに湿布薬を貼るのではなく、RICEの原則に従って、処置することが必要であることを指導する。
- RICEのIce（冷却）の際、0℃の氷（溶けかかった状態）が最適で、冷凍庫から取り出したばかりの氷は、温度が低すぎるために凍傷の危険があることを指導する。

（手当の補助の例）
- すり傷の手当が必要な児童と水場に行き、丁寧に洗えるよう声かけを行う。
- Ice（冷却）が必要な児童に対して、Iceをしているときの感覚を説明し、時間を計る。

② 記録の仕方も練習する。
- 「いつ」「どこで」「何をしていて（競技種目）」「どのような原因で」「どこを（部位）」「どうしたか」「痛みの程度はどうか」「所属」「氏名」などを、もれなくたずねることが、応急手当にも役立つことを知らせる。
- 傷を見るのが苦手な児童には、記録をとったり、そばで励ましたりすることも救護係の大切な役割であることを伝える。

> **社会的サポートの提供【PDCAサイクル図】**
> 自分一人では乗り越えることが困難な状況も、励ましなどの心を支えるサポートがあれば可能になります。

# 個別・集団指導の流れ(保健委員→ほかの児童)

## 1 日常の保健室での救急処置における個別指導

①付き添いとして保健室に来室した際に、手当は養護教諭が行うが、けがをした児童に正しい手当の方法を教えるように、保健委員に促す。

②来室者が多いときには、保健委員に手当の補助を依頼し、習得したスキルのブラッシュアップを図るようにする。

> **成功体験の蓄積【太陽図】**
> 日々の実践と成功体験が自己効力感を向上させ、実践が促進されます。

③保健室で行う処置や、家庭での注意などの説明のプリントを用意しておき、すり傷やねんざなどの手当が終わったら、保健委員から手渡しつつ説明をするようにする。

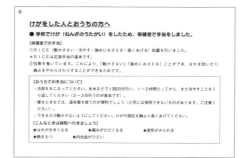

## 2 保健委員による集団保健指導

①児童会朝礼などの機会を利用して、正しい応急手当の仕方を保健委員が指導する。
・保健室に来るまでに自分でできることを中心に指導する。

> (指導内容の例)
> 「傷は水道水で丁寧に洗って、ごみや砂、泥などをできるだけ取り除いてから保健室に行きましょう」
> 「つき指やねんざなどのけがをしたときは、けがをした部位をできるだけ動かさないようにして保健室に行きましょう。そのとき、胸より高く上げておくとなおよいでしょう」

②低学年の教室で保健委員が指導をする機会があれば積極的に利用する。
・指導に使用する教材(紙芝居やプリント)を用意しておくと、機会を逃すことなく指導が実施できる。

――すり傷・切り傷等の手当に関する留意点――
近年、消毒せずに傷を治す方法や、傷を医療用フィルムで密閉する湿潤療法などの新しい処置法が広まってきています。しかし、全ての傷に万能というわけではないようです。
学校医の先生や学校薬剤師の先生と、学校で行う傷の手当の仕方を相談・確認して、年度当初に職員、保護者、児童生徒に周知しておくとよいでしょう。
この実践例では、きれいに洗った後、消毒を行うことを基本にしています。

行動変容を引き出す　実践③
けがの手当のやり方を覚えよう

## 行動変容に結びつけるポイント

　小中学校の児童生徒保健委員会では、多くの学校で養護教諭が指導に当たります。保健委員会の活動から保健委員はさまざまな学びを経験するとともに、ほかの児童生徒への指導や支援を行い、教える楽しさや皆に役立つことの喜びを知る機会にもなります。保健委員会は養護教諭の健康教育の重要な機会です。
　教室では控えめな児童生徒が保健委員会では率先して活動したり、リーダーシップを発揮したりするなど、教室とは違う一面をのぞかせることもあることでしょう。保健室という特別な空間は児童が変容するきっかけにあふれています。この実践では、養護教諭の指導のもと、児童がけがの手当を学び、運動会の救護活動に参加してけがをした児童のサポートをしたり、養護教諭が行う手当の補助をしたりしながら、正しいけがの手当を学び、自己効力感を高めていきます。

**運動会で発生するけがを予測し、正しい手当の知識を学ぶ**
　運動会で自分やほかの友達が経験したけがを思い出し、適切な手当をすることの重要性の認識を高めます。そのうえで正しい手当の方法を学び、リハーサルを通して成功を疑似体験することで、手当の重要性の認識と自己効力感が高まります。このように、行動の価値や重要性が高まるとともに適切な手段や方法を学ぶことで、実行に向けた動機づけが高まります。

**救護活動に参加し、負傷者をサポートすることの大切さを知る**
　楽しい運動会でけがをしてしまった児童は、けがの痛みはもちろん、少なからず気持ちが沈んでいることでしょう。そんなとき、保健委員が手当を通じて励ましてくれることは大きな力になります。実際の手当は養護教諭が行いますが、保健委員が記録、傷の洗浄への付き添い、励ましなど、救護活動を行うことを通して手当の重要性と自己効力感が高まります。また、けがをした児童にとっては、けがをしたときこそ手当について学ぶよい機会です。保健委員として学んだ正しい手当について、けがをした児童に指導しながら救護活動を進めます。ほかの児童を支援することで、人をサポートすることの大切さに気づく絶好の機会になります。

**日常の保健室や児童会朝礼における保健委員による保健指導**
　負傷した児童に付き添って保健委員が保健室に来たときに、けがをした児童に保健室での処置や家庭での対応などについて資料などを用いて指導させ、成功体験を積み上げます。児童会朝礼や低学年への指導の機会を生かすことで、保健委員が成功を経験するとともに、保健委員会での学びが全校児童に広がるようになります。ほかの児童にとっては、保健委員はよいモデリングの対象となります。保健委員にとっても、ほかの児童にとっても大変よい学びの機会になります。

## 実践④ おなかの「よい子菌」を増やして、バナナうんちを出そう！

対象：小学校特別支援学級　指導方法：集団＋個別

**指導の概略……健康課題の把握、指導のねらい、概略**

　健康な体で元気に学校生活を送ることは自己実現を支える土台です。また、基本的な生活習慣（食事・運動・睡眠・排便・衛生面）を身につけることは生涯にわたる生活の質（ＱＯＬ＝Quality of Life）の向上につながります。

　子どもたちが自分の体や健康に興味を持ち、より健康的な生活をしたいという意欲を持つことができるように、生活単元学習で健康について学んだことを日常生活の指導で実践しました。視覚に訴える教材は、子どもたちの興味関心を引き、子どもたちが健康課題を自分自身のこととして捉え、重大性・重要性を理解するのに役立ちます。

　また、生活習慣の定着は、保護者との連携が必要であるため、保護者が取り組みへの意欲を高め、継続できるように連携の工夫をしました。

　この指導は、特別支援学級以外の学級活動や個別の保健指導でも活用できます。

### 指導のアウトライン　　工夫点・行動変容に結びつけるポイント

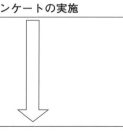

●健康に関するアンケートは、家庭での生活習慣形成の次の２点について記入してもらいます。
　①家庭で取り組んで成功したこと　②うまくいかずに困っていること

　　※保護者の自己効力感の向上　　※問題解決

●「食べ物が便に変わるまで」を指導します。
●排便について目標設定するための指導をします。

　　※重大性・重要性（価値）の理解　　※有効な目標設定

●啓発資料で保健指導の内容や補足情報を伝えます。
●チャレンジカードは毎日、学校と家庭を行き来します。

　　※保護者、子どもの自己効力感の向上　　※サポートの活用

## 行動変容を引き出す 実践④
おなかの「よい子菌」を増やして、バナナうんちを出そう！

◇ 使用するワークシート・資料
（CD-ROMの「04_banana」フォルダに入っています。〈 〉はファイル名です）

①アンケート
〈1_enquete.pdf（docx）〉

指導資料「よい子きんを増やすためのポイント」
〈shidou.pdf（pptx）〉

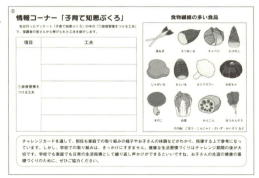

②保護者向け資料「子育て知恵ぶくろ」
〈2_chiebukuro.pdf（docx）〉

③チャレンジカード
〈3_challenge.pdf（xlsx）〉

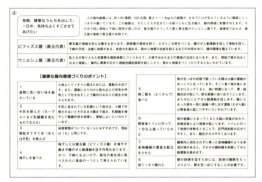

④保護者向け啓発資料
〈4_keihatsu.pdf（docx）〉

## 実践の環境づくり（実態把握・啓発・提案等）

### 保護者へのアンケートの実施

①家庭での生活習慣形成について、健康に関するアンケートを児童に配布し、「育児の中での工夫」と「ほかの家庭での育児の工夫で知りたいこと」などについて、保護者に記入してもらう。

- 自己効力感の向上【バルーン図】
- モデリング、問題解決【PDCA サイクル図】

②アンケート結果を保健便りなどに掲載し、これからの実践への関心・意欲を高める。

③アンケートの「⑦排便習慣をつける工夫」に関しては、保護者から挙がった工夫を「子育て知恵袋」に記入しておく（集団指導後に配布）。
- ほかの家庭で工夫していることの中から成功例を知らせることで、実践に向けて保護者の自己効力感を高め、動機づけとする目的がある。

- 自己効力感・動機づけ【バルーン図】

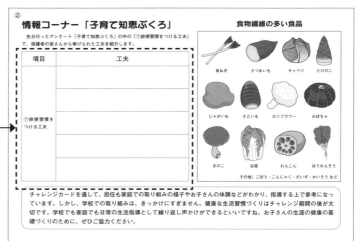

### 集団指導の流れ

#### 養護教諭と担任による保健指導

①食べ物がうんちになるまでの道のりを伝える。
- 唾液やそしゃくで食べ物をのみ込みやすくすること、胃液でドロドロになること、小腸で栄養がつくられて、その残りかすが大腸でうんちに変わることを伝える。

## 行動変容を引き出す 実践④
### おなかの「よい子菌」を増やして、バナナうんちを出そう！

- 大腸ではよい子菌（善玉菌）と悪い子菌（悪玉菌）がいて、悪い子菌がいっぱいいると、おなかが痛くなって、ゆるゆるで臭いうんちが出ること、よい子菌がいっぱいいると、バナナのような形のあまり臭くないうんちが出ることを伝え、よい子菌を増やすにはどうすればよいかを考えさせる。

下のシナリオを参考に、内臓が描かれたエプロンなどを用いて消化の様子を見せながら指導したり、紙芝居をつくって指導したりするとよいでしょう。

---

### シナリオ「よい子菌をふやしてバナナうんちを出そう！」

1　今日は食べ物が体の中でどうなるのか、お勉強したいと思います。
2　これな〜に？（梅干し、またはレモンを提示し、食べたい人には食べてもらう）今、見ただけで（食べた人も）口の中に何か出てきましたか？「つば」そうだね、つばが出てきたね。
3　食べ物は、どこから体に入るの？「くち」。そうだね、じゃあ、どこから出るの？何になるの？[子どもの知識を確認する]（子どもの意見：こうもん、お尻の穴、うんち、おしっこ、おなら など）
4　口から入った食べ物は、歯でちぎられたり、砕かれたりして細かくなり、つばと混ざって、のみ込みやすくなって、ごっくんと食道を通って、胃へ入ります。
5　胃では胃液というものが出てきて、もっともっとドロドロになります。
6　次に小腸から、脳や筋肉、骨など体のいろいろなところに栄養となって運ばれます。
7　残りは、次の大腸へ運ばれていきます。そして、この残りと大腸にすんでいる「よい子菌」と「悪い子菌」がくっついてうんちに変身します。そして、うんちがたまってくるとうんちを出したくなって、お尻にある穴から、体の外に出ていきます。
8　これが、食べ物がうんちに変わるまでなんだよ。
9　実は悪い子菌が大腸にいっぱいになると、おならやうんちがすごく臭かったり、うんちがたまにしか出なかったり、おなかが痛くなって、ゆるゆるのうんちになったり、病気のもとになります。よい子菌が増えると、おならもうんちもあまり臭くありません。バナナのようなうんちが気持ちよくするっと出ます。しかも、よい子菌は悪い子菌をよい子に変えてくれます。みんなのおなかの中は、どっちの菌にいてほしいですか？
10　そうだね、よい子菌がいたほうがいいよね。するっと気持ちよくバナナうんちが出てくるのは、体が元気な証拠です。では、今日はこっそり、よい子菌を増やし、するっとバナナうんちが出てくる方法を教えてあげるね。今、できていることはあるかな？　これからできそうなことはあるかな？

②何をするとよい子菌（善玉菌）を増やすことができるかを伝える。
・よい子菌を増やすための８つのポイントを伝える。

③現在の排便や生活習慣を確認する。
・毎日バナナうんちが出ているかを、挙手してもらう。
・よい子菌を増やすための８つのポイントのうち、現在できていること、これからできそうなことを挙手で確認する。

> 自己効力感のある方法の発表【バルーン図】

④チャレンジカードを配布し、保護者に協力してもらいながら、家庭での実践を促す。

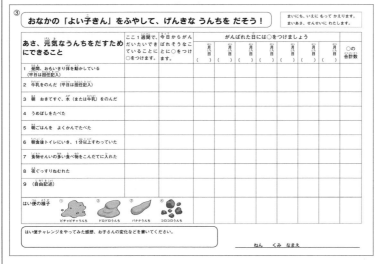

> セルフモニタリング
> 【PDCA サイクル図】

## 行動変容を引き出す｜実践④
### おなかの「よい子菌」を増やして、バナナうんちを出そう！

- 指導した内容をさらに詳しく解説した保護者向けの啓発資料を配布し、保護者の知識を整理し、チャレンジカードへの理解を深める。

- 最初に行ったアンケートの中の「排便習慣をつける工夫」で挙がった工夫を記入した「子育て知恵ぶくろ」を配布し、チャレンジカードへの保護者の意欲を高める。

> モデリング・自己効力感の向上【PDCAサイクル図】

## 個別指導（チャレンジカード）の流れ

### 1 チャレンジカードの実施

① 排便をするためにすでにできていること、今後自分でできそうなこと（行動）に○をつける。

- 保護者と一緒に考え、目標設定をするように促す。

② ちょっとがんばればできそうな目標を選んで○をつけるようにさせる。

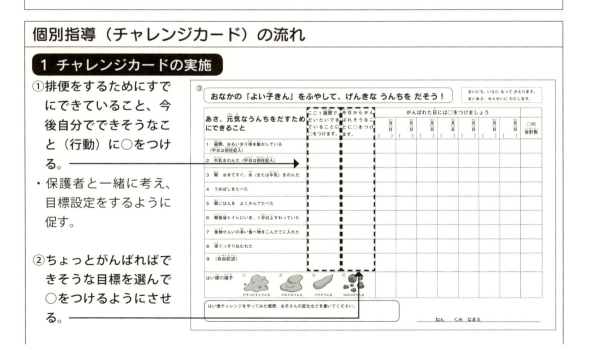

#### 自己効力感を高める【バルーン図】
今できていることに○をつけることで、子どもが実行できていることを、子ども自身や保護者が確認でき、自信を持つことにつながります。

#### 変化のステージモデル
行動目標の項目を具体的な内容にしているため、今は、まだチャレンジできそうもない内容でも、いつか、取り組めそうな準備状態（行動期）になったときに、何に取り組めばよいかの目安になります。

③目標達成に向けてがんばることができたかをチャレンジカードに記録する。
- カードは、毎日、学校と家庭の双方を行き来させて、担任が子どものがんばりを確認する。
- 担任が一緒に喜んだり、励ましたりすることで、子どもや保護者の意欲の継続を図る。

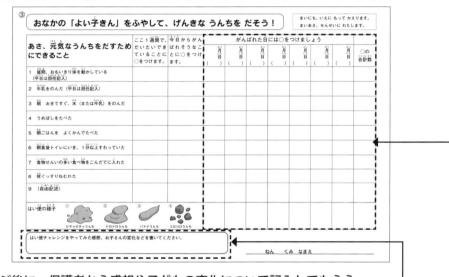

④チャレンジ後に、保護者から感想や子どもの変化について記入してもらう。

⑤保護者の感想や子どもの変化を「保健だより」にまとめて、各家庭との交流の場を設ける。

#### 生活習慣を重視する環境づくり【太陽図】

## 行動変容に結びつけるポイント

> 　子どもたちが食べたものが体の中の旅をして、最後に子どもたちの健康状態を教えてくれるもの、それが「うんち」です。うんちは、単に吸収されなかった食べ物が排泄(はいせつ)されるだけではありません。食生活、運動や睡眠などの生活の仕方、健康状態や心の状態もうんちの様子に反映されます。バナナうんちは目に見えるだけではなく、気持ちよい排泄感をもたらすため、小学校低学年や特別支援学級の子どもたちにとっては五感を通して実感できる生きた教材です。
> 　この実践は、バナナうんちを題材に、児童が基本的生活習慣の大切さを知り、保護者も学びながら一緒によい生活習慣づくりに取り組む保健指導です。

### 保護者の自己効力感の向上と問題解決方法の共有を図る

　子育てでは保護者はさまざまな悩みを抱えているものです。子どもの生活習慣づくりでは、子どもに対して過度に口うるさくなってしまうことも、逆に「言うことを聞かないから」とあきらめてしまうこともあるかもしれません。そのようなとき、同じような悩みを抱えている保護者がほかにもいることに気づいてホッとしたり、助言を求めたりできることは大変重要なことです。「子育て知恵ぶくろ」で、ほかの家庭の工夫を知ることで問題解決の方法が広がるだけではなく、「自分にもできそう」という自己効力感の向上につながるでしょう。保護者間のサポーティブな関係を促す意味においても大変有効です。

### 視覚に訴え「腑(ふ)に落ちる」理解を引き出す指導

　「なるほど」と理解することが、価値や重要性を感じて意欲が高まるきっかけになります。食べ物が通る道筋が見えるように話すことで、よい子菌の大切さを教えています。体にはいろいろな臓器があることも、イメージとして伝わることでしょう。「見えないものを見えるように示す」のは、腑に落ちる理解を促すための重要なポイントです。

### よい子菌を増やすための「できていること」と「できそうなこと」を確認する

　睡眠、食事、運動、排便などの基本的生活習慣の中から、できていることを確認します。できていないことに着目することもありますが、「できている」ことを確認することは成功体験を確認することでもあり、さらに「ほかのこともきっとできる」という自己効力感の向上につながります。

### 保護者の感想や子どもの変化を保健だよりで発信し、各家庭との交流を設ける

　保健だよりは保健室から家庭への情報発信の重要な手段です。保健だよりを通して取り組みの感想や子どもの変化などを伝え、保護者のサポート体制をつくるとともに、交流の場を設けて、子どもを支える全体的なサポート環境を向上させています。

## 実践⑤ むし歯・歯肉炎を治療しよう

対象：小学校高学年～中学生　　指導方法：集団＋個別

**保健指導の背景……健康課題の把握、指導のねらい、概略**

　現代の子どもたちの口腔衛生状態は、10年前と比較すると確実に向上しています。しかし、各家庭の生活習慣や食生活、口腔衛生の関心度により、う歯処置率の個人差が大きい傾向にあり、定期健康診断でむし歯が発見されても、痛みを感じるまで治療を行わない家庭もあります。そこで、定期健康診断でむし歯や歯肉炎の所見があり、治療が必要なのに歯科医院を受診しないハイリスクな子どもたちに対して、小集団の保健指導を実施しました。歯科保健指導は、自分の口の中を見ることによって状態や変化を直接的に観察できるので、健康に関する興味関心が低い子どもたちも興味を持って取り組むことができます。

　また、小学校高学年から中学生の時期は、保護者に管理されていた「他律的健康づくり」から自分の思考・判断による「自律的健康づくり」への移行期でもあります。

　この時期に自分の口腔衛生の課題に気づき、自ら行動計画を立てて課題解決を行うことは、思考力・判断力・実践力の向上につながります。さらに、自分が立てた計画を実行して目標を達成したことで自己効力感が高まり、自主的に口腔内を健康に保とうとする予防行動へとつながります。

### 指導のアウトライン　　　工夫点・行動変容に結びつけるポイント

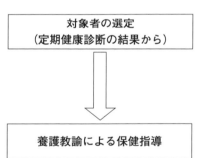

●実施計画を作成し、啓発活動を行います。
●定期健康診断から6か月以上経過しても、むし歯や歯肉炎を放置している無関心期～関心期の子どもたちを対象に指導を行います。

※環境づくり

●自分の口腔内を観察させ、むし歯や歯肉炎が健康に及ぼす影響について指導します。

※罹患性・重大性の自覚

●自分のスケジュールに合った治療計画を立てさせます。また、その中で、計画の妨げになるものを予測して事前に対処法を考えます。

※目標設定・ストレスの評価

●計画を実行するために誰の協力が必要かを考えて、実際に依頼し、協力者からコメントをもらって、治療を開始します。

※サポートの依頼・コミットメント
※サポートの活用・自己効力感の向上

行動変容を引き出す　実践⑤
むし歯・歯肉炎を治療しよう

◇　使用するワークシート・資料
　　　　（CD-ROMの「05_mushiba」フォルダに入っています。〈　〉はファイル名です）

---

### 一生使う歯や歯肉を大切にしよう！

　　　　年　　組　名前

**1　自分の口の中の様子を知ろう**

歯と口の健康診断の結果
① むし歯　　　　　　　本
② CO（むし歯になりそうな歯）　　　　　　　本
③ 歯肉炎　　あり・なし

このままむし歯や歯肉炎を放っておくと、どのようなことが起こるだろう？

**2　むし歯・歯肉炎の治療計画を立てよう**

| 月／日（曜日） | 計　画 |
|---|---|
| 　／（　）～　／（　） | |
| 　／（　）～　／（　） | |
| 　／（　）～　／（　） | |
| 　／（　）～　／（　） | |
| 　／（　）～　／（　） | |
| 　／（　）～　／（　） | |
| 　／（　）～　／（　） | |
| 　／（　）～　／（　） | |
| 　／（　）～　／（　） | |
| 　／（　）～　／（　） | |
| 　／（　）～　／（　） | |

◆予定通り治療できないことがあるとしたら、どのような理由でしょうか
・
・
・

◆そのときの対処法は？
・
・
・

**3　計画を実行するために誰の協力（サポート）が必要ですか？**

**4　協力（サポート）してもらう人のコメント**

---

ワークシート
〈worksheet.pdf（docx）〉

◇　ほかに必要となるもの
手鏡、歯鏡、筆記用具

## 実践の環境づくり（実態把握・啓発・提案等）

- 年度当初の職員会議や保健だより等で、歯科保健活動計画を提示し、教職員や保護者の理解・協力を得る。
- 定期健康診断の結果でむし歯・歯肉炎・CO・GO等の所見がある子どもの保護者に、歯科医院の受診を勧める。
- 歯や歯肉の健康づくりに関する知識を習得させるために、学校歯科医による全校児童・生徒への講演会や学級活動などで歯科保健指導を行う。

## 集団指導の流れ

①対象者を選別する
- 定期健康診断の結果、むし歯・歯肉炎等の所見があり、6か月以上経過しても歯科医院を受診しない児童・生徒を対象とする。

②対象児童・生徒を10~15人程度のグループに分けて、放課後に指導の時間を設ける。

③ワークシートを活用して保健指導を行う。

1）自分の口の中の様子を観察させる。
- 健康診断の結果を知らせる。
- 手鏡と歯鏡を使って、むし歯やCO・歯肉の状態を観察させる。

2）むし歯・歯肉炎が全身の健康に及ぼす影響を知らせる。
- むし歯・歯肉炎はプラーク（歯垢）が原因である。
- むし歯が進行すると、歯の表面だけではなく神経までプラーク内の酸で溶かされる。
- 歯肉炎を放置すると、将来、歯周炎になって、歯肉が歯を支えきれなくなり、歯が抜け落ちることもある。

> **自分事として自覚【バルーン図】**
> 自分の口腔の観察や、歯や歯肉の健康に関する知識を与え、現在の自分の口腔衛生の状態を理解させます。

3）このまま、むし歯や歯肉炎を放置すると、どうなるかを予想させる。

> **自分事・重大性の自覚から危機感【バルーン図】**
> このまま放置するとどうなるか想像させて、自分の将来の健康への危機感を持たせ、早急に治療が必要であることを理解させます。

# 行動変容を引き出す 実践⑤
## むし歯・歯肉炎を治療しよう

4）治療計画を立てさせる。
- 学校行事（運動会・テスト・部活動の大会など）や放課後の活動、自分、家族のスケジュールなども踏まえて、具体的で実行可能な計画を立てさせる。
- 養護教諭は、児童・生徒のむし歯の本数や歯肉炎の状態から、おおよその治療期間を予想してアドバイスする。
- 休日診療や夜間診療を行っている近隣の歯科医院の情報を提供する。

5）治療が計画通りに進まないとしたら、どのようなことが原因となるか、原因とそのときの対処法を考えさせる。
　例1）「部活動（習い事）が忙しくて歯医者さんに行けない」⇒部活動（習い事）が終わってからでも通院できる夜間診療の歯科医院に通院する。
　例2）「予約した日を忘れる」⇒予約日をカレンダーに大きく書く。予約日を家族や友達に知らせて、歯科医院に行くように言ってもらう。

6）計画を実行するために、誰の協力が必要かを考えさせる。
　例）親　⇒保険証や治療費を用意してもらう。
　　　　　　一緒に歯科医院へ行ってもらう。
　　　部活動顧問の先生　⇒部活動を休ませてもらう。
　　　友達　⇒治療が嫌なときに励ましてもらう。

7）協力者に依頼してコメントを記入してもらうように指導する。
- 協力者にコメントを記入してもらったワークシートを提出させる。
- 提出されたワークシートは、子どもに関わる教員（担任・部活動顧問・学年主任など）に供覧して情報を共有する。

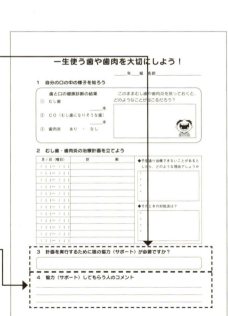

> **サポートの依頼・コミットメント・サポートの活用【PDCAサイクル図】**
> 誰からどのようなサポートが必要なのかを考えさせて、協力を依頼します。
> 協力を依頼することが、行動の意思決定や決意表明になります。
> 協力者からは行動意欲が高まるように、賞賛や励ましのメッセージをもらいます。

## ◇ 個別指導（治療計画達成まで）の流れ

### 1 治療計画達成のためのサポート

①家族のサポートを受ける。
- 治療を受ける医療機関を決めて受診させてもらう。治療終了まで通院させてもらう。
- 受診が継続するよう励ます。

②学校のサポートを受ける。
- 担任・部活動顧問・養護教諭などの児童・生徒に関わる教員には、「歯がきれいになったね」などと意識的に声をかけてもらう。
- 治療を始めない、または継続できない場合は、むし歯や歯肉炎を放置するとどうなるかを、再度考えさせて計画を立て直すように指導する。
- 治療に対する恐怖感や抵抗が強い子どもについては、通院する歯科医院に事前に子どもの様子を伝え、丁寧な説明や治療を行ってもらうように協力を依頼する。
- 経済的な理由により治療を行えない場合は、行政や教育委員会と連携を図り、医療費支援の手段を検討する。

> 継続した治療を続け、児童・生徒のスケジュールに通院が定着すると、通院や治療に対する負担感が軽減します。
> また、通院する歯科医院スタッフ（歯科医師・歯科衛生士・受付担当など）とのコミュニケーションが良好になると、通院に楽しさを感じるようになる子どももいます。
> 通院期間が長く、通院回数が多い子どもほど、終了したときの達成感が大きくなります。

### 2 治療計画の達成

治療を達成できたことを振り返り、成功体験を実感させる。
- 治療計画を立て、達成できたことを褒め、自信（自己効力感）を高める。
- 自分の努力によって健康になった歯や歯肉を保つために、歯みがきを行い、間食を控えて、歯によい食べ物を選ぶなど、自主的に予防行動を行うように促す。

行動変容を引き出す　実践⑤
むし歯・歯肉炎を治療しよう

## 行動変容に結びつけるポイント

　むし歯や歯肉炎の予防・改善の指導は児童生徒の健康教育として多くの可能性を持っています。例えば、毎日の食生活や歯みがきなどの日々の習慣と深く関わっていることから、健康的な基本的生活習慣の保健指導の一環として位置づけることができます。また、ブラッシングなどの行動変容の成果を児童生徒が実感でき、成功体験を経て自信と価値観の変容を引き出すことができます。一方で、初期の段階は痛みなどを伴わないことが多く、児童生徒によっては治療の必要性が実感できないこともあるかもしれません。
　この実践は、児童生徒が自己の口腔内の状況を自覚し、治療計画を立て、周囲のサポートを活用しながら治療していく、行動変容のポイントを押さえた歯科保健指導です。

### 自分の口の中を観察し、放置することの問題を想像させる
　歯科保健指導は「直接目で見て観察できる」という利点を持っています。むし歯や歯肉炎の所見があったところを観察し、視覚的に把握することは自分の問題であることを強く自覚することにつながります。また、将来、歯周炎になる可能性を知り、自己の問題について重大性を自覚することで危機感が芽生え、治療に向けた行動意欲が高まります。手鏡を使って観察することは、チェックのスキルを学ぶことにもなります。自分の歯や歯肉をチェックする自己効力感の高まりにもつながるかもしれません。

### サポートの依頼がコミットメントにつながる
　周囲の人々からサポートをしてもらって行動につなげることは、行動変容を進める有効なこつといえます。サポートを依頼するためには「なぜそうしたいのか」、「どのようにしたいのか」、「何をしてほしいのか」などを相手にしっかりと伝えて、自分のニーズに合ったサポートをしてもらう必要があります。この実践では、治療したい旨を相手にしっかり伝え、自分の意志と要望をはっきり伝える必要があるでしょう。サポートの依頼だけではなく、本人の意志をより確かなものにする「コミットメント」（48ページ参照）を高めることにもつながっています。

### 治療が計画的に進まない原因を予測し、対処法を考えておく
　健康行動を開始しようと考えている「準備期」（16ページ参照）の人が、行動を抑制する要因をあらかじめ予測し対処法を検討しておくと、行動を有効に進めることができます。この実践では、対処法においても、よい情報やアドバイス、家族や友達の支援など多様なサポートが生きています。

#  コミュニケーションスキルを高める性に関する指導

対象：中学校2年生　　指導方法：集団

**保健指導の背景……健康課題の把握、指導のねらい、概略**

　中学生は、二次性徴を迎え、心身の変化に不安や喜びを感じながら日々成長しています。そのような成長の中で、他者（異性など）への関心や意識が高まり、特定の相手と仲良くなりたいという感情も芽生えています。しかし、この時期は自分や友達の性的発達について正しい知識が少なく、周囲からのプレッシャーやマスメディアの情報によって間違った行動を選択する生徒もいます。付き合い方がわからずに相手の言いなりになっている生徒や、交際相手との関係を優先して友達との関係が壊れてしまう生徒、SNSで知り合った人に会いに行き、危険な目に遭う生徒など、思春期の性に関する行動選択を間違えると、現在の生活だけでなく、自分の将来にも大きな悪影響を及ぼします。

　そこで、思春期の特性を理解しながら、お互いの人格や気持ちを尊重し、よりよい関係を築くためのコミュニケーションスキルの向上をねらい、学級活動を行うこととしました。
※性的マイノリティの生徒がクラスにいると考えられる場合は、配慮が必要です。

## 指導のアウトライン

保健学習〔2学年〕
「心身の機能の発達と心の健康」

↓

学級活動〔2学年：2時間〕
「思春期のコミュニケーション」
1時間目
自分の気持ちを伝えよう
①お互いを大切にする付き合い方について考える。
②自分の気持ちを相手に伝える。（ロールプレイング）
2時間目
行動選択能力を高めよう
①他者との関わりにおいて、自分の気持ちを相手に伝えることの難しさについて考える。
②自分の気持ちを伝えるためのいろいろな方法や考え方を知る。

## 工夫点・行動変容に結びつけるポイント

● 実施計画を作成し、啓発活動を行います。　※環境づくり

●中学生は、ほかの人に関心や好意を持ち始め、交際する生徒もいますが、性に関する正しい知識や情報が少なく、間違った行動やリスクを理解していない「無関心期～関心期」ととらえます。

| 無関心期 | 性に関する行動のリスクに気づいていません。気づいても自分には関係ないと思っています。 |
| 関心期 | リスクは認識してもリスクを避ける行動をとる意欲が低く、また行動の必要性を感じてもその行動をとることは難しいと考えています。 |

引用：木原雅子「10代の性行動と日本社会－そしてWYSH教育の視点」ミネルヴァ書房,2006

●自分の考えたせりふでロールプレイングを行います。
ロールプレイングを行うことで行動を実行に移しやすくします。また、友達のロールプレイングを見て「自分もできるかも」と自信を持たせます。
※感情的経験・代理的経験

●思春期のコミュニケーションについて、意見交換を行います。
自分の気持ちを伝えることの難しさに気づかせ、どうすればできるかを話し合います。自分が「できない」と思うことについて、アドバイスをもらい自己効力感を高めます。
※ピアモデリング・言語的説得

# 行動変容を引き出す 実践⑥
## コミュニケーションスキルを高める性に関する指導

◇ 使用するワークシート・資料
　　（ＣＤ－ＲＯＭの「06_communication」フォルダに入っています。〈　〉はファイル名です）

①ワークシートＡ
〈1_work_a.pdf（docx）〉

②指導資料
〈2_shidou.pdf（docx）〉

③ワークシートＢ
〈3_work_b.pdf（docx）〉

④ワークシートＣ
〈4_work_c.pdf（docx）〉

⑤評価シート
〈5_hyoka.pdf（docx）〉

⑥振り返りシートＡ
〈6_furikaeri_a.pdf（docx）〉

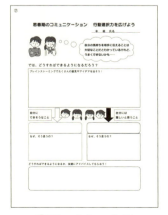

⑦ワークシートＤ
〈7_work_d.pdf（docx）〉

⑧振り返りシートＢ
〈8_furikaeri_b.pdf（docx）〉

実践編

## 実践の環境づくり（実態把握・啓発・提案等）

①特別活動の計画に位置づけて、計画的に実施する。
　実施学年の担任・副担任と指導内容について検討し、共通理解を図りながら計画的に実施する。

②学級通信や保護者会等で、実践について保護者に連絡し、協力を得る。

## 集団指導の流れ

### 保健指導「自分の気持ちを伝えよう」（1時間目）

①異性などの他者を意識していることに気づかせる。
- 今回の授業ではグループワークをたくさん行うが、それに先立ち、前後左右の席の生徒と握手させる。
- 握手する相手によって気持ちが違っていることに気づかせる。

②異性などの他者を意識する理由を説明する（1学年時に指導した「心身の機能の発達と心の健康」を振り返る）。
- 思春期になると性ホルモンが分泌され、二次性徴が始まる。性ホルモンは大脳にも働きかけ他者への関心や他者を意識する気持ちが高まる。

③「思春期のコミュニケーション」について学ぶことを伝える。
- 他者を意識するようになる思春期の特徴や、他者との違いを理解して、よい人間関係を築くためのコミュニケーションについて学習することを伝える。

④（男子のみ、女子のみで）5〜6人のグループをつくり、グループごとに1枚、ワークシートAを配る。

⑤書かれているBからのメールに困っているAの悩みについて、Bの気持ち・Aの気持ちをグループで話し合い、ワークシートに記入させる。
- 考え方が違う相手とよい関係を築くためには、相手のことを理解した上で、自分の気持ちを伝えることを理解する。

> **重要性の認識【バルーン図】**
> 自分の気持ちを伝えることの重要性に気づきます。

⑥ワークシートに記入したものを、黒板に書いて発表させる。
- 別の紙に書いたものを黒板に貼ってもよい。

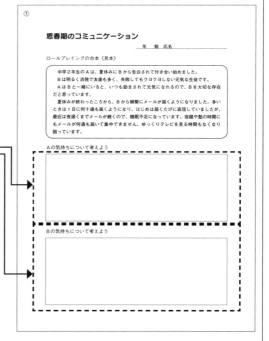

# 行動変容を引き出す 実践⑥
## コミュニケーションスキルを高める性に関する指導

⑦ 指導資料をグループごとに配り、相手との関係を大切にしながら、自分の気持ちを伝える方法（3つのStep）について学習させる。

Step1　質問はいくつしてもよい。相手の気持や考えを知るために情報を収集する。
Step2　自分の気持ちや考えが相手にわかるように、わかりやすくはっきりと伝える。
Step3　相手とのよい関係を継続するために、お互いがよいと思う選択肢を提案する。

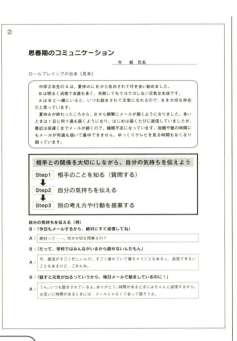

⑧ 自分の気持ちを伝える方法を、指導資料に載った例を使い、教師同士がロールプレイングを行う。

・教師のロールプレイングが完璧すぎると、生徒は難しいと感じて自信と意欲が低下することがあるので、生徒のレベルに配慮する。

> **自己効力感の向上【バルーン図】**
> 代理的経験によって「それなら自分もできそうだ」と思わせます。

⑨ ワークシートBまたはCを配布し、事例について自分の気持ちを伝える3つのStepを活用して、せりふを考えて記入する。

（ワークシートB）

（ワークシートC）

⑩ グループ内で、自分が記入したせりふを使ってロールプレイングを行わせる。
※生徒同士では行わないようにする。

- 教師が1人で誘い役を演じる場合は、各グループのロールプレイングを行う生徒だけが立ち、教師のせりふの後に自分のせりふを言う。
- パソコンなどにせりふを録音しておき、各グループに1台パソコンなどを用意し、クリックすると録音したせりふが流れるように設定しておくのもよい。
- ほかの教員や保護者の協力を得る場合（授業参観などで授業を行うときは、保護者に相手役を依頼）各グループに1人ずつ加わり、相手を演じてもらう。

⑪ほかの生徒は、評価シートで評価を行うように指導する。

⑫評価シートの得点が高かった生徒のロールプレイングを披露する。
- 男子のロールプレイングについては女子から、女子のロールプレイングについては男子から、よかった内容について発表してもらう。
- ロールプレイングの披露の後で、コミュニケーションの仕方を再度考えて、練習を促すとよい。

> **自己効力感の向上【バルーン図】**
> コミュニケーションについて、異性の感想や評価を得る機会は少ないため、異性が何に重きを置くかを知ることは、円滑なコミュニケーションを促し、自己効力感を高めます。

⑬授業を振り返り、振り返りシートAを配布して、自己評価・感想を記入するように指導する。

> **重要性・自己効力感の自己評価【バルーン図】**
> 「大切なことだと思う気持ち（重要性）」「そのことができると思う自信（自己効力感）」について自己評価を行います。
> 重要性と自己効力感のどちらも高い場合、望ましい行動を行う可能性が高くなります。

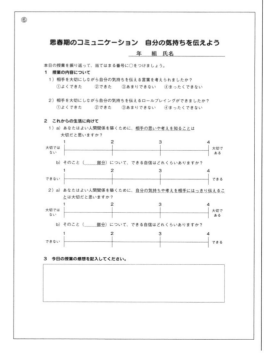

## 行動変容を引き出す　実践⑥
### コミュニケーションスキルを高める性に関する指導

## 集団指導の流れ

### 保健指導「自分の気持ちを伝えよう」（2時間目）

① 1時間目の復習をする。

② 1時間目の後に記入した「振り返りシートA」の感想を紹介する。
- 授業後のアンケートの結果、自分の気持ちを相手に伝えることは大切だと思っているけれど難しいと思っている人がいることに注目させる。
- 自分の気持ちを相手に伝えることが大切だと思っている感想や、思っているけれど難しいと感じている感想などを選んで紹介するとよい。

> **重要性・自己効力感【バルーン図】**
> 前時に学習した内容は知識として理解されているが、ロールプレイングで練習したせりふや伝え方は、実際の行動として難しいと感じている生徒がいることに着目します。

③ どうすれば、自分の気持ちを上手に伝えることができるようになるかを考えさせる。

④ 5～6人のグループをつくり、ワークシートDを全員に配り、どうすれば自分の気持ちを上手に相手に伝えられるかのブレインストーミングを行い、出た意見をワークシートに記入する。

⑤ 各グループで出た意見を黒板に書く。
- 紙に書かせたものを黒板に貼ってもよい。

⑥ すべてのグループから出されたアイデアから、「自分にできそうな方法」と「自分には難しいと思う方法」を1つ選び、理由を考えて、ワークシートに記入するように指導する。

⑦ ワークシートに記入した内容について、グループで発表させる。

⑧ 「自分には難しいと思う方法」について、どうすればできるようになるか、グループの友達からアドバイスをもらうように指導する。
- 「自分には難しいと思う方法」は、現実的ではなかったり、適切な方法ではなかったりする場合もある。その点についても、友達からアドバイスをもらうように指導する（選択肢の削除）。
- 「自分にできそうな方法」を活用してアドバイスしてもよい。

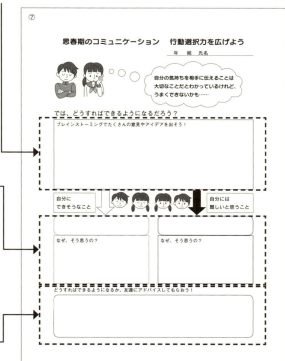

> **自己効力感の向上【バルーン図】**
> 意識した相手とのコミュニケーションにおいて、「こうするとできるかも」「この方法はいいと思う」などの助言や賞賛を受けることにより、自分の言動に自信を持てるようになります。友達からのアドバイスは、サポート、言語的説得です。

> **問題解決の選択肢を広げる【PDCAサイクル図】**
> 同じ内容でも、相手によっては言えない場合もあります。「○○って言ったらほかの人はどう思うのだろう？」など、普段疑問に思っていても聞けなかったことを聞く機会になり、不安感が軽減するとともに、新たな発想や発見を見いだすこともできます。

⑨授業を振り返り、振り返りシートBを配布して、自己評価・感想を記入する。

> **重要性・自己効力感の自己評価【バルーン図】**
> 2時間目の授業によって、重要性・自己効力感に変化が見られたかを確認するため、質問項目は、前時の内容とほぼ同じにしています。

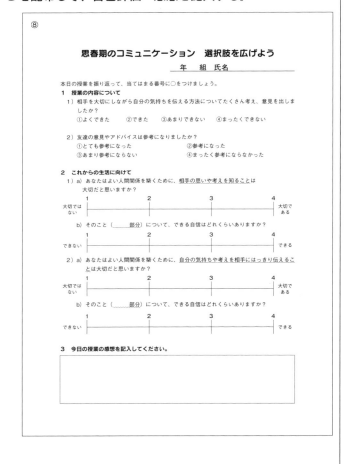

行動変容を引き出す　実践⑥
コミュニケーションスキルを高める性に関する指導

## 行動変容に結びつけるポイント

> 　思春期は性的な発達が著しい時期であるとともに心理面の変化も顕著となる時期です。この時期には新たな人間関係が生まれ、さまざまな関係性の中で生じるプレッシャーや情報に適切に対応することが求められます。しかし、この時期の子どもたちが多様な人間関係や性的発達に伴う衝動に対応しうる社会経験やコミュニケーション能力、自己コントロール能力を有しているかというと、必ずしもそうとはいえないでしょう。
> 　この実践は、性に関する指導の一環として、自分の気持ちを相手に伝えるコミュニケーションスキルと自己効力感を育成しています。

### 保健学習と保健指導の連携を図る

　中学1年時の保健学習では「身体的な成熟に伴う性的な発達に対応し、性衝動が生じたり、異性への関心などが高まったりすることなどから、異性の尊重、性情報への対処など性に関する適切な態度や行動の選択が必要となること」（中学校学習指導要領解説保健体育編）を学習します。保健学習において知識の習得と活用を図り、特別活動における保健指導（本実践）において実践化を図っています。保健学習と保健指導の連携により健康教育が充実します。

### 事例を通して「自分の気持ちを伝える」ことの重要性に気づく

　コミュニケーションの不足によって問題が生じた事例について、グループ活動で相互の立場に立って話し合うことを通して、さまざまな捉え方があることを知ります。そのうえで、自分の気持ちを伝え、お互いの考えを尊重するためのコミュニケーションの重要性に気づきます。

### 「重要性」と「自己効力感」の自己評価から、動機づけの変化を見取る

　重要性と自己効力感の両方が十分に高まれば、実践への動機づけが十分に高まったと判断できます。どちらかが低い場合には、十分に高まるように支援する必要があります。
　この実践では、両者を丁寧に評価しながら、生徒の中にはコミュニケーションの重要性は理解しているが、実際の人間関係の中で実践するのは簡単ではないと感じている者が少なからずいることがわかりました。そこで、コミュニケーションについて生徒同士で助言したり、選択肢を広げたりしながら、実践場面におけるコミュニケーションの自己効力感を高めています。

## 実践⑦ 中学生のインターネット依存の予防

対象：中学生　指導方法：集団＋個別

**保健指導の背景……健康課題の把握、指導のねらい、概略**

　近年急速に発展、普及し続けているインターネットは、生活やコミュニケーションにさまざまな影響を与えています。その中で、中学生のスマートフォンや携帯電話の所持が急増し、インターネット依存が社会的に大きな問題となっています。また、インターネットの使用が心身の健康に及ぼす影響は大きく、さまざまな視点からの研究がなされている現状があります。

　そこで、中学生を対象として、「インターネットの使用について、生徒の事前調査結果や事例をもとに考えさせ、体や心の健康に影響をもたらすことを理解させる。そして、自分自身のインターネットの依存傾向の状態を知らせ、自らコントロールする力を身につけさせ、生涯を通して健康な生活が送れるようにする」ことを目的に、学級活動の時間に保健指導を実施しました。

### 指導のアウトライン

生徒の実態調査
　↓
インターネット使用に関する保健指導の実践
　↓
セルフチェック表の記入
　↓（依存傾向の高い生徒）
個別指導
　↓↓
養護教諭による支援の継続

### 工夫点・行動変容に結びつけるポイント

- 生徒にインターネット使用実態調査を行い、結果から問題点を明らかにし、授業の内容を組み立てます。
- インターネット依存傾向について測定をさせ、依存傾向得点を出させます。
  - ※「自分事」の認識
- インターネット依存傾向と体と心の健康との関連について考えさせます。
  - ※「自分事」「重大性」の認識
- 依存にならないための方法を考え、話し合わせます。
- 自分の目標を決め、実践に向けての決意を発表させます。
  - ※目標設定、コミットメント
- セルフチェックを実施します。
  - ※セルフモニタリング、振り返り
- 依存傾向の高い生徒には、個別指導を行います。

### 行動変容を引き出す 実践⑦
### 中学生のインターネット依存の予防

◇ 使用するワークシート・資料
（CD-ROMの「07_internet」フォルダに入っています。〈 〉はファイル名です）

①事前アンケート
〈1_enquete.pdf（docx）〉

②依存度チェック
〈2_izondo.pdf（docx）〉

③ワークシートA
〈3_worksheet_a.pdf（docx）〉

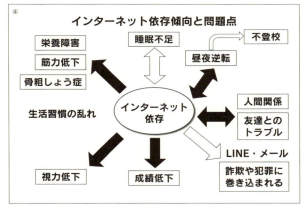

④指導資料
〈4_shidou.pdf（pptx）〉

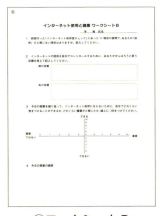

⑤ワークシートB
〈5_worksheet_b.pdf（docx）〉

⑥インターネット使用セルフチェック表
〈6_selfcheck.pdf（docx）〉

実践編

## 実践の環境づくり（実態把握・啓発・提案等）

### 1 インターネットについてのアンケートの実施

①授業の数日前に、インターネットの利用実態について アンケートを実施する。

②授業の前までに集めて、集計を行う。

## 集団指導の流れ

### 2 インターネット使用に関する保健指導（1時間目）

①事前アンケートの結果を発表する。
- 事前に実施したアンケートの結果を示し、学校でも最近インターネットによるトラブルが多くみられることを伝える。
- インターネットの使用には「よいところ」と「悪いところ」があり、今日の授業では「悪いところ」を学んで、これから有効にインターネットを活用できるようにしたいことを伝える。

②インターネット依存傾向についてチェックさせる。
- 「インターネット依存度チェック」を配布して答えさせ、自分の得点を出させる。

自分事としての認識【バルーン図】

## 行動変容を引き出す 実践⑦
### 中学生のインターネット依存の予防

③インターネットの依存傾向について考えさせる。
- インターネット依存傾向とはどういうことかを考えさせる。また自分自身の調査結果から、自分にどういう問題があるかを考え、ワークシートAを配って、記入させ、何人かに発表するように促す。

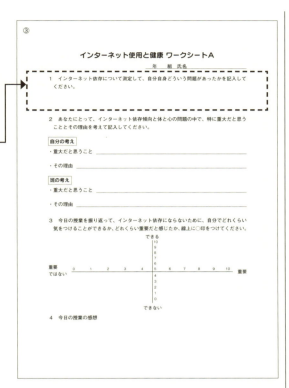

④指導資料を見せながら、インターネット依存傾向と体と心への影響について指導する。

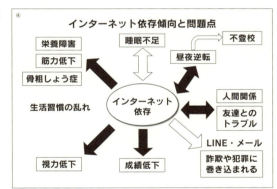

> **説明の例**
> 　インターネット依存傾向とは、インターネットとの関わりが度を超してしまうことです。その結果、生活習慣が乱れ食事もおろそかになったり、体を動かさないために10代20代でも筋力が低下し、将来骨粗しょう症が起きる原因になったりすることもあります。
> 　健康状態の悪化だけではなく、家族を含めた人間関係にも重大な影響も出て、友達とのトラブルも起こしやすくなります。また、心の健康面でも感情をコントロールできなくなり、キレやすくイライラしたり、性格が攻撃的になったりします。詐欺や犯罪に巻き込まれる場合もあって危険です。

⑤ブレインストーミングや養護教諭の話から、インターネット依存に関する問題の中で特に重大だと思うことはどんなことか、それはなぜかを考えさせる。

・自分の考えをワークシートAに記入させて、班で考えを発表し、話し合わせ、班でまとめた考えを記入する。

自分事・重大性の認識【バルーン図】

⑥授業を振り返る。

・インターネット依存にならないことが、「どれくらい気をつけることができるか」「どれくらい重要なことか」について0〜10のスケールで当てはまるところに印をつけさせる。

重要性と自己効力感を自己評価する【バルーン図】

・授業の感想をワークシートAに記入させる。

## 2 インターネット使用に関する保健指導（2時間目）

①前時を振り返る。

・前時に行った依存度チェックの11項目で、依存だと感じないと思うものがあれば、ワークシートBに書き、話し合うように指導する。また話し合った内容を発表させる。

・この11項目すべてが「インターネット依存」の状況であることを確認する。

②班を組み、インターネット依存にならないための方法を考えさせる。

・今まで関わった生徒の中で、インターネット依存に陥った生徒がいた場合、個人情報に配慮しつつ、その事例を紹介して、話し合いのヒントにさせる。

・インターネット使用に関する目標やルールについて、班でブレインストーミングを行い、具体的方法を出し合い、そこから班での目標を決めてワークシートBに記入するように指導する。

③自分の目標を決めて、ワークシートBに記入する。

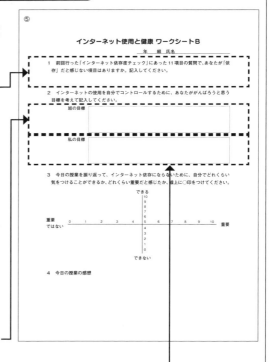

行動変容を引き出す 実践⑦
中学生のインターネット依存の予防

・自分自身で「がんばればできそうと思える」ような具体的な目標を考えさせる。

**目標設定【PDCAサイクル図】**

**具体的な目標の例**
・寝る前はインターネットを見ない　・いろいろな場面でもっと家族と話す
・タイマーを使い時間を設定して、強制的に終了するようにする　など

④実践に向けての決意を発表させる。
・自分の具体的な目標を班やクラスで発表させる。

**コミットメント【PDCAサイクル図】**

・ほかの生徒の目標を聞いた後、「クラス（全体で）の目標」を立てる。

⑤授業を振り返る。
・インターネット依存にならないことについて、「どれくらい重要なことか」「どれくらい気をつけることができるか」について、ワークシートBの0～10のスケールに当てはまるところに印をつけさせる。
・本時の授業の感想をワークシートBに記入させる。

**重要性と自己効力感を自己評価する【バルーン図】**

⑥インターネット使用セルフチェック表の活用を促す。
・「インターネット使用セルフチェック表」を配布し、本時で決めた「クラスの目標」、「班の目標」、「私の目標」を記入し、1週間の実践を促す。

**セルフモニタリング【PDCAサイクル図】**

⑦1週間後に、クラスや班で目標の達成度を確認し合い、チャレンジした感想を記入させる。

⑧先生に提出し、励ましの言葉やアドバイスをもらう。

## 個別指導の流れ

### 1 ワークシート・セルフチェック表からの対象者の決定

授業で使用したワークシートやセルフチェック表の記述から、インターネットの依存傾向にある生徒や、依存の危機感を感じながらも「自分は大丈夫」と捉えている生徒、また授業の中で気になった生徒については、個別の保健指導を実施し、継続して観察する。

### 2 保健室での養護教諭による聞き取り、カウンセリング

気になる生徒には、定期的に保健室への来室を促し、インターネット使用の様子や生活習慣について聞き取りを行い、自分で立てた目標に向かって実践できるようにアドバイスしたり、実践意欲を高めて、継続できるように励ましたりする。

（養護教諭からの社会的サポート【PDCAサイクル図】）

### 3 家族への支援

インターネットの使用については家庭での生活が大いに関係しており、インターネット依存傾向を改善するには保護者や家族の協力や支援が必要である。そこで、気になる生徒については、保護者との面談を実施したり、保護者からネット依存などの相談があった場合にはすぐに対応したりするなど、保護者との連携を密にする。

### 4 学校組織の活用

校内の生徒指導部会や教育相談部会で、生徒の情報共有を図り、共通理解のもとで生徒の対応をする。各部会で個別に生徒の支援方針を立て、担任、学年、全職員で役割を分担して対応する。

（組織で対応する環境づくり【太陽図】）

### 5 スクールカウンセラーの活用と連携

スクールカウンセラーが定期的に来校する場合は、連携をとって、インターネット依存傾向にある生徒の面談を実施する。

### 6 その他の関係機関との連携

必要に応じて、学校医や医療機関と連携を図る。

行動変容を引き出す　実践⑦
中学生のインターネット依存の予防

## 行動変容に結びつけるポイント

> 　インターネットの普及は子どもたちの生活に大きな影響を与えています。パーソナルコンピュータやスマートフォンなどの情報通信機器（ICT機器）を用いて、たくさんの情報を収集できるとともに、生活の安全にも貢献しています。しかし、使い方によっては健康や発達に問題を引き起こす可能性があります。最近では中学生や高校生の生徒へのスマートフォンの普及もあり、健康や安全面、人間関係のトラブルなど、インターネットに関わる問題を抱える児童生徒が増加しています。
> 　この実践は「インターネット依存傾向」に着目し、中学生にインターネット依存の影響を考えさせ、予防のための方法を自己決定させ、行動変容へとつなげるための保健指導です。

**「インターネット依存度チェック」をして自分事として認識させる**
　保健指導にインターネット依存度の自己評価を取り入れることにより、生徒は自分の依存傾向を客観的に把握でき、「思ったより依存度が高かった」など、自分事として捉えることができます。チェック項目には、長時間使用のみではなく、人間関係や勉強や健康上の問題の発生、心の状態など、依存傾向には多様な視点が含まれることに気づくことができ、自己の生活を振り返るきっかけになります。

**生徒の価値観に基づいてインターネット依存の重大性を確認する**
　生徒はインターネット依存の問題についてある程度の知識を持っていますが、その知識は偏っていたり、限定されたりしています。ブレインストーミングによって各生徒の知識を出し合って共有し、先生からの情報も追加して総合的に問題性を捉え、深めて行きます。さまざまな問題があることを理解したうえで、生徒一人ひとりにとって「特に重大だと思うことは何か」を考えさせることで、個々の生徒の価値観を大切にしながら重大性の認識を高めます。インターネット依存を自分事として捉えた上で、重大性を認識できることで危機感が高まり、予防への意欲が高まります。

**重要性と自己効力感の自己評価により、動機づけの変化を捉える**
　授業の前後で重要性と自己効力感の自己評価を行います。「重要ではない」⇒「重要」（価値観の高まり）に変化し、「できない」⇒「できる」（自己効力感の高まり）に変化することで動機づけが高まったと捉えることができます。動機づけが高まることで目標設定とセルフモニタリングの効果が高くなります。健康行動の動機づけを端的に評価できる大変有効な評価の方法です。
　依存傾向が高いにもかかわらず重要性や自己効力感が低い生徒については、個別指導で対応することにより、個に応じた支援が可能になります。

## 実践⑧ 自己効力感を高めるリラクセーション「呼吸法」

対象：小学校・中学校　　指導方法：集団・個別

**保健指導の背景……健康課題の把握、指導のねらい、概略**

　対人関係、テスト、行事、部活動といった試練の場に立ったとき、自らの持てる力で考え、行動し、乗り越えていく成功体験の繰り返しが重要です。「今度もできる」という自己効力感は、「生きる力」を育む一助となると思います。

　自分の気持ちを落ち着かせるリラクセーションの方法の一つに、「呼吸法」があります。これを継続することで、「自分の気持ちを適切な状態に保つことができる」という自己効力感（自信）を持たせることができるのではと考え実践しました。

　リラクセーションを単に「リラックスすること」と捉えるのではなく、「緊張に対する適切なコントロールを身につけること」と捉え、まず教員と生徒に意識調査を行いました。「リラクセーションは必要である」と考えている教員が96％にのぼり、「感情をコントロールすることが必要である」と答えた生徒は97％の高率を示しました。双方の意識調査から、リラクセーションの意義を見出しました。

### 指導のアウトライン（集団指導）

- ・リラクセーションの必要性に関する教員の意識調査
- ・児童、生徒の意識調査

↓

養護教諭による「呼吸法」の実践
- ・事前指導　・呼吸法の実施
- ・感想を調査

↓

「呼吸法」講座の開設（希望者対象）
※保健委員が「声かけ」をして行うことも可能

### 工夫点・行動変容に結びつけるポイント

● 日頃、子どもの様子を見ている教員にリラクセーションについての意識調査を行います。

※環境づくり

● 子どもに日常生活で直面するストレス、プレッシャーの場面や、感情をコントロールする必要性の調査を行います。

※自分事の自覚

● データをもとに職員会議などで提案し、「呼吸法」を1クラス2週間の実践を行う協力を依頼します。

※環境づくり

● 「呼吸法」を体験した後に感想を聞きます。

※自己効力感、有効性の自覚

● フォローアップします。

## 行動変容を引き出す　実践⑧
### 自己効力感を高めるリラクセーション「呼吸法」

◇　使用するワークシート・資料
（ＣＤ－ＲＯＭの「08_relax」フォルダに入っています。〈　〉はファイル名です）

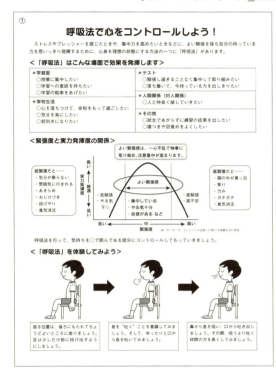

①指導資料Ａ
「呼吸法で心をコントロールしよう！」
〈1_shidou_a.pdf（docx）〉

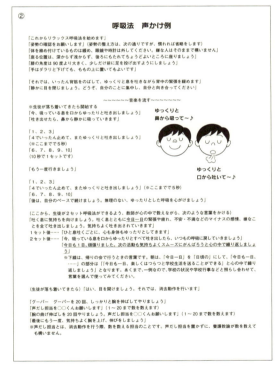

②指導資料Ｂ　「呼吸法声かけ例」
〈2_shidou_b.pdf（docx）〉

◇　ほかに必要となるもの

リラクセーション用の音楽が入ったＣＤ（教職員が聞いて、ゆったりと落ち着いた気持ちになるもの）

※指導資料及びＣＤは集団指導の場合のみ使用します。個別指導では必要ありません。

141

実践編

## 実践の環境づくり（実態把握・啓発・提案など）

### 呼吸法実施時期の設定と回数の決定

①教員・児童生徒への意識調査をする。

②1日2回、継続して2週間実施できる日程を組む。
・行事に向けて生徒の結束を高めたい時期や、クラスの落ち着きがなくなりそうだと考えられる時期に設定したりすることも有効である。
・朝の会の中や1時間目が始まる前などの朝と、帰りの会の中などの1日の終了直前に行う。
・学校により、上記の日程や回数を組めない場合、最初は、日程や回数にこだわりすぎず、実施できるところから始める。もちろん、1日2回の実施が難しければ、1日1回でも構わない。

③職員会議などで協力を依頼する。　　環境づくり【太陽図】

日程や回数にこだわり過ぎると、かえって生徒の緊張が増してきます。"次もまたやりたい"と思う体験をすることが継続への足掛かりとなります。実施者もぜひリラックスして実施してください。

## 集団指導の流れ（中学校）

### 呼吸法指導の準備

①養護教諭が指導を行うクラスに出向く。

②実施前に、必ず生徒に指導資料A「呼吸法で心をコントロールしよう！」を配布し、呼吸法の効果ややり方について丁寧に事前指導を行う。

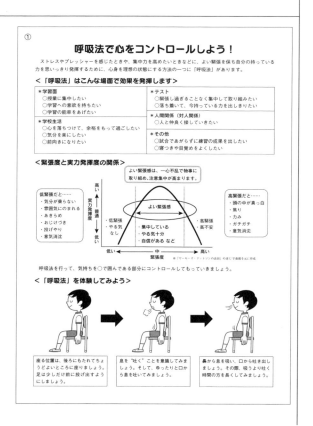

## 行動変容を引き出す 実践⑧
### 自己効力感を高めるリラクセーション「呼吸法」

- リラクセーション用の音楽が入った市販のCDを指導中に流して、生徒の興味ややる気を引き出し、取り組む姿勢をつくりやすくする（呼吸法をスムーズに取り組めるようになったら、音楽なしでも実施可能だが、音楽があった方が、より取り組みやすい）。
- 体調や気分が悪い生徒は、無理矢理実施する必要はない。静かに目を閉じるだけでもリラックスできるので、無理のないようにと実施前に伝える。

> **重要性・有効性の認識【バルーン図】**
> 呼吸法は、とても簡単で取り組みやすいものです。だからこそ、生徒に向けて、なぜ実施するのか、どのような効果があるのかなどの動機づけが大切です。

### 呼吸法の実施

①呼吸法の声かけ例（指導資料B）に従って、実施していく。
- 指導資料Bは、帰りの会での実施例で、朝に実施する際には、下線部分を変更する。

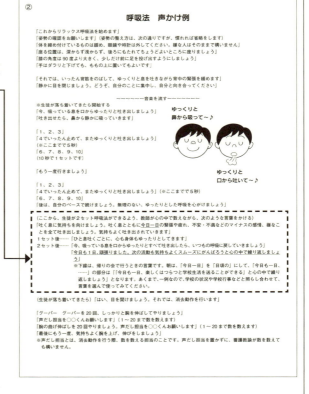

②**姿勢を確認する。**
- 体を締め付けているものを緩め、眼鏡や腕時計を外す。
- 座る位置は、深からず浅からず、後ろにもたれてちょうど良いところに座る。
- 膝の角度は90度より大きく、少しだけ前に足を投げ出す。
- 手は、ダラリと下げても、ももの上に置いてもよい。

③**背中の緊張を緩める。**
- 背筋を伸ばし、ゆっくりと息を吐きながら背中の緊張を緩め、静かに目を閉じる。
- 目を閉じた後に、リラクセーション用の音楽をかける。

④全生徒が落ち着いたら、一斉に呼吸法を実践する。
- まず、息を口からゆっくりと吐き出し、鼻から静かに吸っていく。
- 3秒数えて、4秒目で一度止めて、またゆっくりと5秒で吐き出す（これを2回行う）。
- 2回行った後は、無理なく、ゆっくりとした呼吸を心がけ、自分のペースで続ける。

⑤消去動作を行う。
- 手を握ったり開いたりするのを20回、腕の曲げ伸ばしを20回行う。
- 最後に、気持ちよく腕を上げ、伸びをする。
- 音楽をスタートさせてから、消去動作までだいたい3分程度で行う。

⑥感想を聞く

**自己効力感の向上・有効性の認識【バルーン図】**
実践を通して自己効力感と有効性の認識が向上します。

呼吸法後の消去動作は、大変重要です。呼吸法で深いリラックス状態を体験する生徒もいます。そのため、学校生活や授業に集中できる最適な緊張レベルに調整するために、必ず消去動作を実施します。

## 個別指導の流れ（小学校）

### 保健室でのリラクセーション技法の指導

小学校で行うリラクセーション指導は、保健室に来室する児童に個別に行う。
過度の緊張をほぐし、自らが直面している課題を乗り越える一助として活用する。

■リラクセーション指導が必要な場面の例
- <u>朝、登校して教室に入るのを不安に感じている場面</u>
  特に低・中学年は自分の心の状況を言葉でうまく表現することがまだ難しい時期で、不安な気持ちを泣いて表現したり、頭痛や吐き気などが体の反応として現れたりすることがある。
- <u>友達とけんかをして興奮状態になっている場面</u>
  友達同士のけんかは、一方が勝手な行動をとってトラブルになったり、双方の思い違いによって起こったりするが、しばしば暴力に発展してしまうことがある。
- <u>集団行動をとることの困難さを強く感じパニックを起こしている場面</u>
  担任から指導された通りにうまくできなかったり、自らの発言や行動がクラスの仲間に理解してもらえず、指摘を受けたりするなどの場面では、「自分は何をやってもだめなんだ」「もう嫌だ」と気持ちのコントロールが利かなくなりパニックを起こすことがある。

上で示したような緊張度が最高に高まったときによく保健室に来ることがあるため、このタイミングで個別指導を行う。

**行動変容を引き出す　実践⑧**
自己効力感を高めるリラクセーション「呼吸法」

①リラクセーションを行う姿勢を整える。
・椅子に座らせ、軽く目を閉じる。
・「頭のてっぺんからお尻に、一本のしなる棒が通っているような」イメージをさせる。
・目を閉じることに不安を感じる児童には目を開けていてもいいことを伝える。

②肩を挙上した後、ゆっくり脱力する（筋弛緩法）。　※2～3回繰り返す。
・児童の背後に座り両肩に手を置く。自身で肩を持ち上げたり、肩の力を抜いたりする動作をすることを伝える。
・児童の上腕外側部に手を添えて、10秒数える間にゆっくり肩を持ち上げる介助をする。「これ以上力が入らないところ」で5秒数えてキープさせる。
・次に10秒数える間にゆっくり肩の力を抜いていき、十分に脱力させる。

③「呼吸法」を行う。　※4～5回繰り返す。
・児童の両肩に手を置いて、10秒数える間にゆっくりと呼吸することを伝える。
（1・2・3・4で鼻から息を吸って、5で息を止めて6・7・8・9・10で口からゆっくり口から息を吐き出す）

> ・呼吸法は「息を吐くこと」に意識を向けさせます。
> ・児童にはイメージとして、「嫌な思いを口から全部出してしまいましょう」などと声かけをして集中させていきます。
> ・高学年になると、呼吸法の習得が容易になります。
> ・養護教諭が呼吸法の仕方を見せた後に、一緒に繰り返し行います。
> ・低・中学年の児童は「呼吸法」を自分のリズムとして取り込むことが難しいため、「ゆっくりと深呼吸をする」に変えて行います。

④腕を動かして、体を目覚めさせる。　※左右の腕片方ずつ行う。
・児童の横に座り、手を取り「腕のブランコ」をすることを伝える。
・肩の力を抜かせ、小さい揺れのゆっくりなブランコから、次第に大きい揺れのブランコを行う。その後、次第に揺れをゆっくりにして最後に静止させる。
※「腕のブランコ」は緊張の弛緩を適度に戻すことが目的であり、力を入れ過ぎずにゆっくり揺らす程度にする。

⑤継続して行っていく中で、「気持ちが落ち着く」「心地よい」と感じる児童には、「気持ちが落ち着かなくなったときには『その場でゆっくり深呼吸』をして、少し力を抜くことができれば大丈夫！」と促し、自己実践できるようにつなげる。

⑥感想を聞く。

**自己効力感を引き出す【バルーン図】**
成功体験を通して、緊張や興奮時にも落ち着くことができる自信を高めます。

リラクセーションは、まず子どもの思いを受け止めるところから始めましょう。子どもの特性として、自分の尺度で行動しがちになるため、上手くいかない場面ではどうすればよいのかを、寄り添いながら振り返りをさせます。このとき「動機づけ面接法」（50ページ）を使い、プラスの言葉を引き出しながら次のステップに向けて一緒に見通しを立て、継続的な個別指導につなげましょう。

実践編

行動変容を引き出す　実践⑧
自己効力感を高めるリラクセーション「呼吸法」

## 行動変容に結びつけるポイント

> 　人は困難な場面や緊張場面に積極的に立ち向かう中で成長していきます。特に児童生徒は多くの挑戦の機会があり、その中で成功を経験したり、失敗の中から新たな気づきを得たりしながら、心身ともに成長していきます。その際、ストレスやプレッシャーの中で自らの心身をコントロールし、積極的に困難や緊張場面に立ち向かう自己効力感が必要となります。
> 　「呼吸法」は、短時間で、どこでも誰にでもできるリラクセーションの方法です。「過度の緊張状態であっても呼吸法によって落ち着くことができる」と思えれば、さまざまな困難に立ち向かう勇気が得られるでしょう。また、緊張を客観的に見つめることで、「よい緊張」をつくり出すことも可能になります。

### 学校全体としてめざす目標に貢献する

　教職員や生徒の意識調査を行い、学校として呼吸法を取り入れる協力体制をつくります。このような環境づくりはきわめて重要であり、学校の教育課程に無理なく導入できるように工夫されているとともに、学校全体として目指す教育目標に貢献する取り組みであることが学校全体の協力体制の構築を可能としています。

### 呼吸法を実践する意義を伝える

　ストレスやプレッシャーを感じたときに緊張をコントロールすることが重要であること、生活の中で自己の持てる力を十分に発揮するための方法として呼吸法があることなどを、生徒に理解させたうえで実践に取り組みます。生徒が実際の生活（学習面、学校生活、対人関係など）で呼吸法を有効に活用できるという見通し（有効性）を持つことで、実践への動機づけが高まります。

### 実践を通して実感し、腑に落ちる理解を引き出す

　この指導の中心は「体験」にあります。子どもたちは呼吸法の実践を通して、「これならできる」という自己効力感を高めると同時に、心身への効果を感じ取っていきます。子どもたちが、五感などを心身の感覚として感じ取りながら理解することによって、腑に落ちる深い理解を引き出すことができます。

### 柔軟なやり方が自己効力感を高める

　個別指導では、小学生に対して、養護教諭が支援しながら行える呼吸法や筋弛緩法を紹介しています。また、中学生の集団指導で学んだ呼吸法は、機会に応じて2〜3回の深呼吸でも効果を発揮します。発達段階やさまざまな機会に応じた、自分に合った柔軟なやり方を知ることで、「いつでも、どこでも活用できる」という自己効力感が高まります。

## 実践⑨ チームを守り、育てよう

対象：中学生（各部活動部長）　指導方法：集団

> **保健指導の背景……健康課題の把握、指導のねらい、概略**
>
> 　中学校においては、体育に加えて部活動での運動が体力を向上させる絶好の場です。しかし、部活動の指導は必ずしも専門の指導者とはいえない顧問に任されているのが現状です。中学校入学時から意欲的に活動していた生徒の中には、活動中にけがをして活動を休止せざるを得ない者、けがのために部活動を退部する者もいます。「運動にはけががつきものである」という考えもありますが、中には、防げるけがもあるのではないでしょうか。
>
> 　これまでも、養護教諭は救急処置という側面から、部活動などの身体活動に関わってきましたが、生活習慣を見直し、部活動でのけがの予防・回復のための支援に養護教諭が関わることで、体力の向上と健やかな心身の育成に寄与できると考え、部活動部長会で保健指導を行いました。
>
> ※この実践は、部活動部長会だけではなく、1つの部活の中でもできます。

### 指導のアウトライン

```
部活動部長会での
集団保健指導を提案・依頼
        ↓
集団保健指導（部活動部長会など）
「チームを守り、育てよう」
        ↓
個別指導
セルフモニタリング・シートを
活用した指導を1週間単位で何
回か繰り返す
```

### 工夫点・行動変容に結びつけるポイント

● 部活動指導主任に保健指導の内容を伝え、部長会開催を依頼し、職員会議で全教職員の共通理解を図ります。

● 部活動自慢をすることで、競技やチームメートが、自分にとってかけがえのない大切な存在であることを認識し、「部長としてチームを守り育てる役割を果たしたい」という自覚を持たせます。

　※自分事・価値の認識

● 傷害の発生には、環境要因と人的要因が関わり合っていることを確認し、部活動を安全に行うために必要なことを話し合います。

● 「よいコンディションづくり」を行うことで、傷害発生の人的要因を低減できることに気づかせます。また、部活動におけるパフォーマンス向上のためにも、基本的生活習慣を見直すことは意義があることをおさえます。

　※有効性の認識

● 「セルフモニタリング・シート」を活用して、健康安全に留意した生活の実践と、パフォーマンス向上を目指した目標設定をします。

　※セルフモニタリング・目標設定

# 行動変容を引き出す 実践⑨
## チームを守り、育てよう

◇ 使用するワークシート・資料
　　　　（CD-ROMの「09_team」フォルダに入っています。〈　〉はファイル名です）

①ワークシート
〈1_worksheet.pdf（docx）〉

②セルフモニタリング・シート
〈2_monitoring.pdf（docx）〉

指導資料
〈shidou.pdf（pptx）〉

## 実践の環境づくり（実態把握・啓発・提案等）

①部活動部長会で行う指導内容や主旨を整理して、要項を作成する。
②部活動指導主任に部活動部長会開催を依頼する。
・保健指導の内容や主旨を伝え、合意を得て、協力が得られるようにする。
③職員会議で提案し、全教職員の共通理解を図る。
④部活動指導主任を通じて各部長に、部活動部長会開催を告知してもらう。

環境づくり【太陽図】

## 集団指導の流れ（養護教諭→部活動部長会）

### 1 部活動自慢をさせる

①部活動の仲間や競技の好きなところをワークシートに記入して、発表し合い、部活動自慢をさせる。
②好きな仲間と好きな活動を続けていくには、健康や安全に留意することが必要であることを伝える。

自分事・価値の認識【バルーン図】
自分にとって部活動が大切なものであるという実感を高めます。

③部活動での目標を確認させる。
④個人目標を達成し、チーム力を向上させるには、心身の健康と安全が土台として欠かせないことを伝える。

### 2 部活動を安全かつ健康に行うために必要なことを話し合わせる

①ワークシートやスライドに書かれたAさんに起こることを予測し、その対処方法（Aさんへのアドバイス）を話し合う。

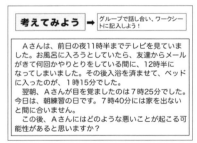

②具体的な悪いこととその対処方法をワークシートに記入、発表させる。
③日常生活の自身の行動がAさんの行動と似ている点がないか話し合い、そのことが目標達成の可否に影響することに気づかせる。

## 行動変容を引き出す 実践⑨
### チームを守り、育てよう

### 3 スポーツでの傷害発生状況について説明する

①日本スポーツ振興センターの統計などから、競技種目別の傷害発生頻度や部位を提示する。

> **自分事・重大性の自覚【バルーン図】**
> 統計をもとに、自分にも起こりうる重大なことという危機感を感じさせます。

②傷害の発生には「環境要因」と「人的要因」があることを、養護教諭が説明する。

**けがの予防**
・けがにはどのようなことが関係するかな？
環境要因 ⇔ 人的要因 → 事故・けが

**環境要因**
- 気象の条件が悪い
- 施設設備の条件が悪い
- 服装や靴、道具が適切ではない

**人的要因**
- ウォーミングアップ・クールダウンが不十分
- 服装や靴、道具が適切ではない
- ルールや指示を守らない
- 睡眠不足、疲労、体調不良
- 注意力の低下（はしゃぎ過ぎ、マイナス思考）
- 軽微なけがをしている
- 体の特性（関節が緩い、筋肉が硬い など）
- 成長途中
- 体力、技術の未熟さ

### 4 けがを防ぐため、チームの協力で実行できそうな工夫を考えさせる

けが等の予防策を、「環境要因」と「人的要因」それぞれの視点で考え、ワークシートに記入させる。

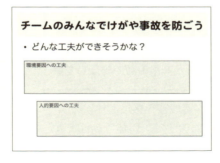

> **自己効力感のある方法【バルーン図】**

### 5 セルフモニタリング・シートの利用を促す

①けがや故障をせずに、元気に活動するためには生活習慣を見直すことも大切であることを伝え、セルフモニタリング・シートを配布する。

②シートを活用することで、生活習慣の改善とともに、目標達成できることを伝える。

> **セルフモニタリング・目標設定【PDCAサイクル図】**
> 目標設定し、セルフモニタリングを行うことで、実践を継続し、成功体験を得られるように促します。

## 個別指導の流れ（部長）

### 1 セルフモニタリング・シートを1週間活用させる

①集団指導の中で確認した「部活動での目標」を記入させる。

②部活動での目標に近づくための「自分でできる目標」と「今の生活習慣で改善するための目標」を記入させる。

・目標は「短い時間でできる」「具体的で」「がんばればできそうな」ものにするよう指示する。

**目標設定【PDCAサイクル図】**

③目標達成に向けて活動する中で、「調子がいい感じのとき」と「まずいとき」にどのような言葉を自分にかければよいか考えて記入させる。

**自己強化【PDCAサイクル図】**

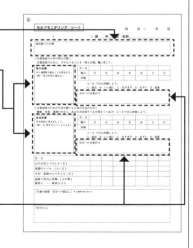

④部活動での目標（努力目標）、生活習慣での改善目標（生活目標）の達成度をA〜Eの評価で毎日記入させる。

・評価が低くても、その状況を見極めれば成長できるチャンスになることを伝える。

⑤心身の状態（または調子）、けがや故障をしていないかをA〜Eで、目標達成に向けてがんばれたかを星の数で評価して毎日記入させる。

・自分の努力を視覚化することで、達成感を感じさせる。

・成果も重要だが、今の心身の状態の中で、可能な範囲でがんばることができたことを評価するように伝える。

### 2 1週間を振り返らせる

①1週間を振り返った感想を記入させる。

・自分への励ましになるような感想にさせる。

**振り返り【PDCAサイクル図】**

②先生（養護教諭または部活動の顧問）から励ましの言葉を記入してもらう。

**社会的サポート【PDCAサイクル図】**

### 3 セルフモニタリング・シート活用の支援を行う（2回目以降）

適切な目標設定のための支援と、やる気を強化するためのフィードバックを行う。

・セルフモニタリング・シートを効果的に活用するためには、適切な目標設定をすることが大切であるが、1回だけではうまくいかないことも考えられる。

・顧問と連携して、適宜個別に支援しながらセルフモニタリングを何回か繰り返して、本人に意義や効果を実感させる。

行動変容を引き出す　実践⑨
チームを守り、育てよう

## 行動変容に結びつけるポイント

　中学生や高校生にとっては、部活動は学校生活の一部であるのみではなく、自己実現の場でもあります。部活動に取り組みながら何でも話せる友達ができたり、ライバルとともに切磋琢磨したりする中で自らの心身も磨かれていきます。先輩や後輩との関わりを通して規律やサポートの重要性を学んだり、組織の一員としての役割を学んだりします。部活動は生徒の成長を促す貴重な場です。
　しかしながら、特に運動部の活動では、スポーツ傷害によって、部活動を長期にわたって休んだり、継続できなくなったりする例が少なからずみられます。この実践は、運動部活動の部長会を通して、各運動部に対して部員の生活習慣を含めたコンディションづくりについて発信した取り組みです。

**所属する部活動の価値を再確認する**
　この実践では、各部の部長が「スポーツやチームメートが自分にとってかけがえのない大切なものである」ことを確認し、皆が健康・安全に部活動に取り組むことができることの価値を自覚させています。部長の価値観が部員に広がり、部活動全体の土壌となることが期待されます。部活動の顧問と連携して、各部活動内に広めることも可能です。部員にとって大切なスポーツや仲間であるからこそ、それを守り、育てようとする実践への意欲が高まります。

**事例や統計データをもとに、スポーツ傷害の重大性と自分事の認識を高める**
　実際に生徒にもよく見られる事例をもとに、生活習慣の乱れから多様な問題（傷害など）が発生する可能性に気づかせます。皆で話し合いながら、自分にも重大な問題が起こりうることに気づくことができます。また、統計データを確認することで、より信憑性が高まります。

**セルフモニタリングの工夫**
　個別指導で用いる「セルフモニタリング・シート」には、多くの工夫が取り入れられています。例えば、部活動での努力目標を立ててセルフモニタリングを行いますが、同時に睡眠、食事、運動の中から心身の健康状態を高めるための生活目標を立て、健康の土台づくりを行います。
　「自分への励まし」の欄では、セルフトークや自己強化を用いて、意欲の向上を図ります。心や体の「元気レベル」を評価し、生活習慣と心身の状態が関わっていることを実感できるようにしています。
　「先生から」の欄では、褒め言葉ややる気の出る言葉かけなど、よいフィードバックを生徒に返し、やる気の向上を図ります。

## 実践⑩ けがや故障を防ぐセルフケア

対象：中学生　指導方法：集団＋個別

**保健指導の背景……健康課題の把握、指導のねらい、概略**

　生徒の心身における調和のとれた発達を図るためには、健康的な生活習慣を形成するとともに、運動を通じて体力を養うことが必要です。一方で、不適切なスポーツ活動によりけがや故障を生じ、その結果として心や人間関係にも問題を抱え、運動習慣の維持に支障が生じる例が少なくありません。

　生徒が、生涯を通じて健康・安全に配慮したスポーツ活動への参加を習慣化し、体力の向上と心身の健康を増進できるようになるためには、専門的な支援が必要です。

　そこで、スポーツ傷害を予防することを目的に、スポーツ傷害の概要、体の硬さチェック、ストレッチ、アイシングに関する保健指導を行いました。

### 指導のアウトライン（集団指導）

保健指導「スポーツ傷害の概要・練習前後のストレッチ・体の硬さチェック」
　↓
体の硬さチェック
　↓
体が硬い生徒へのストレッチ個別指導
　↓
保健室での日常的な指導
　↓
故障による痛みを抱える生徒へのアイシング指導

### 工夫点・行動変容に結びつけるポイント

● 運動部に所属する生徒を対象に、部活動の時間にスポーツ傷害の概要を指導し、練習前後のストレッチを紹介します。指導の最後には、体の硬さチェックを実施します。体の硬さチェックは、資料2を使って簡単に行うことができます。

※生きて働く知識　　※自分事として認識

● 体が硬い生徒を対象に、個別に指導を行います。内容は、硬くなった筋肉を柔軟にするためのストレッチの方法です。痛くないストレッチを体験させ、「これなら続けられそうだ」と実感させるようにします。また、体が改善する過程を視覚化することで、継続意欲を高めます。

※自己効力感

● 痛みを抱えながら運動をしている生徒（痛みが強くないときは運動してよいと、医師から許可が出ている者）に対しては、効果的なアイシングの方法について個別に指導します。

● 保健室に来室した生徒で、タイトネス※が強いと感じた生徒には体の硬さチェックを行い、個別にストレッチ指導をします。故障やオーバートレーニングで痛みがある生徒には、アイシングの指導を行います。

※タイトネスとは筋の柔軟性不良のこと

# 行動変容を引き出す 実践⑩
## けがや故障を防ぐセルフケア

◇ 使用するワークシート・資料
（CD-ROMの「10_selfcare」フォルダに入っています。〈 〉はファイル名です）

資料1（スポーツ傷害について）〈shiryo1.pdf（pptx）〉

   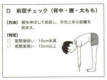 

資料2（体の硬さチェック）〈shiryo2.pdf（pptx）〉

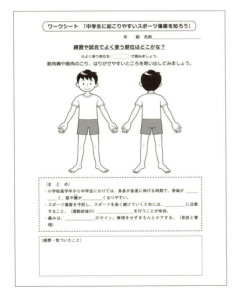

ワークシート
〈worksheet.pdf（docx）〉

資料3（ストレッチ）
〈shiryo3.pdf（pptx）〉

資料4（アイシング）
〈shiryo4.pdf（pptx）〉

## 実践の環境づくり（実態把握・啓発・提案等）

- けがや故障の発生を心配している、すでに発生していて困っている運動部などを中心に、部員を対象としたスポーツ傷害の概要や予防に関する保健指導を行うことを企画する。
- 指導内容や要旨を整理し、要項を作成する。
- 管理職・部活動指導主任及び部活動顧問教諭に保健指導実施の理解を得る。
- 部活動指導主任及び部活動顧問教諭に保健指導の時間や場所の確保を依頼する。
- 部活動顧問教諭を通じて、部員に対し保健指導を行うことを告知する。

## 集団（部活動）指導の流れ

### 1 スポーツ傷害の概要を知る

①スポーツによるけが（外傷）と故障（障害）を合わせて「スポーツ傷害」といい、外傷は1回の大きな外力で起こり、障害はけがや体への負担を繰り返すことで起こることを確認する。

②オーバーユース（使い過ぎ）に注意し、しっかり休養をとることが大切であることを伝える。

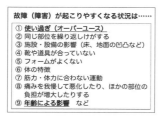
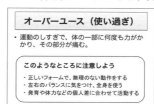

生きて働く知識
【バルーン図】

③**体が硬いとけがや故障を起こしやすいことを伝える。**
- 体のどの部位が硬くなりやすいかを知ることで、けがや故障の起こりやすい部位を把握することにつながる。
- 特に小学校高学年から中学生にかけては、身長が急激に伸びる時期で、骨の成長に筋肉などの組織の成長が追いつかず、骨端が弱くなり、筋肉の硬さも加速化する。
- 健康診断の結果から小学校から中学校までに1年ごとにどれだけ成長したかを記録して、自分の成長を実感させてから、伝えてもよい。
- 痛みがある場合は、故障のサインであり、休養し、病院を受診することを伝える。

④**運動前と後のストレッチの目的と効果を確認する。**
- 特に、運動後のストレッチを実施している部は少ないため、運動後のストレッチは、故障（障害）を予防するうえで大変重要であることを強調する。
- 運動前は関節を動かして筋肉を活発に働かせる「動的ストレッチ」、運動後は筋肉をほぐすための「静的ストレッチ」をするとよいことを伝える。

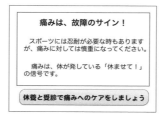
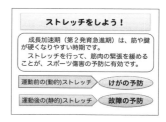

# 行動変容を引き出す 実践⑩
## けがや故障を防ぐセルフケア

⑤競技特性による筋肉の負担の違いを確認する。
・練習後に筋肉のこりやはりが出やすいところをワークシート上にチェックし、負担のかかりやすい部位を認識させる。
⑥ここまでの指導のまとめをして、感想を記入する。

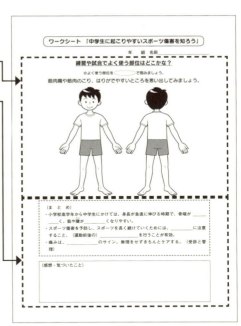

※ワークシートの回答（下線が回答部分）
　小学校高学年から中学生にかけては、身長が急速に伸びる時期で、骨端が<u>弱く</u>、筋や腱が<u>硬く</u>なりやすい。スポーツ傷害を予防し、スポーツを長く続けていくためには、<u>オーバーユース</u>に注意すること、（運動前後の）<u>ストレッチ</u>を行うことが有効。痛みは、<u>故障</u>のサイン。無理をせずきちんとケアする。（受診と管理）

## 2 「体の硬さチェック」をする

①体の硬さのチェックをする。
・以下の5か所の硬さをチェックする。

**自分事として認識【バルーン図】**

太もも前面

深部腹筋

太もも背面

背中・腰・太もも

ふくらはぎ・アキレス腱

・A、C、Eのチェックは、補助者が足などを曲げたり支持したりしてチェックをする必要があるので、二人一組でチェックするとよい。
・壁に掲示して簡単にチェックができるようにする。
・体育館や保健室の廊下などに掲示しておき、いつでもチェックができるようにするとよい。

②自分の体の特徴（体の硬さ）と起こりやすい傷害を把握する。

**タイトネスとスポーツ傷害**

太もも前面

深部腹筋

太もも背面

背中・腰・太もも

ふくらはぎ・アキレス腱

③体の硬さ改善のためのストレッチがあることを知る。
・体の硬さを改善する筋肉をほぐすための痛みがない「静的ストレッチ」を簡単に紹介する。

**健康行動の有効性【バルーン図】**

（静的ストレッチの例）

太もも前面

深部腹筋

太もも背面

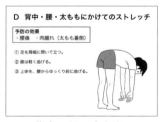
背中・腰・太もも

ふくらはぎ・アキレス腱

・チェックで問題がない生徒も、運動後はよくストレッチをしておくことを勧める。
・体が硬い生徒に、他者が無理に反動をつけてストレッチをさせることは、効果が薄いばかりか、重大な筋損傷や靭帯（じんたい）損傷を引き起こす危険があることを押さえる。

# 行動変容を引き出す 実践⑩
## けがや故障を防ぐセルフケア

### 3 個別指導を予告する

- 体が硬いことがわかった生徒には、後日個別で指導を行うことを予告する。
- すでに痛みがある生徒や、痛みがあって保健室に来室した生徒にも、個別指導を行うことを予告する。

## 個別指導の流れ

### 1 体が硬い生徒への指導

①体が硬いことに関するマイナス面を知らせる。　　**危機感【バルーン図】**

- 体が硬いと、「けがや故障が起こりやすい」、「関節の可動域が狭くなる」、「動きがスムーズでなくなる」、「動作が小さくなる」、「疲れやすい」などの不利益があることを伝える。

②ストレッチを行うことで、自分である程度、体の硬さを改善できることを確認する。

- 体が硬い生徒は、これまでに、ストレッチをしようとして痛い体験をしたり、ストレッチをする習慣が続かなかったりした場合が多く、ストレッチに対してマイナスのイメージを持っていることが多い。
- そこで下記の約束を守り、集団指導の中で伝えた正しいストレッチを行って、痛くないことを体感させる。

**ストレッチのきまり**
①ゆったりとした呼吸を続ける（息を止めない）
②伸ばす部位を意識する
③反動をつけない
④30秒くらい伸ばす
⑤気持ちよく伸びるところまで（無理をしない）
☆ 体が温まっている状態で行いましょう。
　冬は特に注意が必要です。

**注意すること**
- その日のコンディションで、柔軟性は変わります。
- 以前の自分と競争する必要はありません。
- ほかの人と競争する必要もありません。
◎ 自分に合ったストレッチ方法を見つけるのも、長続きさせる秘けつです。

③効果を視覚化し、継続の意欲を喚起する。

- ストレッチを行った後や数日後に同じように体の硬さチェックを行い、ストレッチで体の硬さが改善しているところを視覚化することで、意欲を高める。

**健康行動の有効性【バルーン図】**

### 2 痛みがある生徒への指導

①故障の進み方（4段階）とその対応について知る。

- 医師の診断の結果、大きな問題はないが違和感や痛みがある場合に、アイシングを行うと違和感や痛みをコントロールできることを伝える。
- 痛みが増したり腫れが出てきたりした場合は、運動を中止して受診し、医師の指示に従うよう初めに確認しておく。
- 故障の進み方と対応方法の目安を資料で確認する。

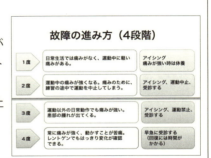

② アイシングの基本な方法を知る。
- RICE、慢性的な痛み、筋疲労、ウオーミングアップの4つの場面でアイシングは有効だが、まずは基本のアイシングを押さえる。
- 「凍傷」と「麻痺」に注意することが大切。0℃の氷（表面が透明で溶けかかっている氷）は冷却能力が高いうえ凍傷の危険がない。逆に、冷凍庫から出したばかりの氷（表面が白い氷）は凍傷を起こす危険が高いので注意することを伝える。
- ときどき患部や末端に麻痺がないか、確認するようにする。

**アイシングをするときに注意すること**
アイシングには0℃の氷を使用し、20分くらい冷やします。これ以上冷やすと、体から熱を発してきて逆効果になります。
冷やしているときの感覚は、4段階あるといわれています。
① 「ジーンと痛い」
↓
② 「温かくなる」　※①～④までの時間はおよそ20分
↓
③ 「ピリピリする」
↓
④ 「感覚が鈍くなる」
時計が近くにないときは、この感覚を頼りに行いましょう。
④までいったら、アイシングは1度中断します。
必要なら、1～2時間後に再度アイシングを行います。

**生きて働く知識【バルーン図】**

③ アイシングのバリエーションを知る。
- 試合に出かけるときなどは、ペットボトルを凍らせて持参し、患部に当てて、転がすようにして使う方法などの例を教える。

④ アイシングの後に、ストレッチを行う（体の硬さを改善するストレッチと同じでよい）。

◆ふくらはぎにはりや痛みが出やすい生徒がセルフケアでトラブルをコントロールした例

試合や練習の後半になると、ふくらはぎにはりや痛みが出やすい生徒に対して、ハーフタイムでアイシングをし、その後ストレッチを行うことを指導しました。

その日のコンディションで冷却時間を変えるなどといった本人の工夫も功を奏し、試合途中で交代することがなくなりました。適切なセルフケアの重要性を、本人も顧問も再認識しました。

休憩時に短時間冷却　　　　　冷却後にストレッチ

参考文献
B.アンダーソン著，小室文絵・杉山ちなみ監訳，高橋由美・羽鳥裕之訳「ストレッチング」NAP，2002
山本利春・吉永孝徳著「スポーツアイシング」大修館書店，2001

## 行動変容に結びつけるポイント

> 　児童生徒が充実した生活を送るうえでスポーツ活動は大変重要です。発育発達の視点からは、運動習慣を通じて体力、筋肉や骨格、呼吸循環器系の機能が向上し、心の健康や社会的な発達も促進します。学齢期の子どもたちは十分な運動習慣を身につけることが期待されます。
> 　一方で、スポーツ活動に取り組む中でスポーツ傷害を発生し、活動を中断したり、継続できなくなったりするケースも少なからず見られます。この実践では、子どもたちが自分の体に興味を持ち、その特徴を知り、セルフケアのスキルを獲得して実りの多いスポーツ活動を行うことができるよう保健指導を行っています。

### スポーツ傷害の概要を知り、傷害予防の意欲を高める
　中学生になるとスポーツ活動はよりハイレベルになり専門化していきます。その中でスポーツ外傷やスポーツ障害の発生も多くなりますが、子どもたちはそれらについて学ぶ機会は少なく、自分に起こる可能性やその影響について、きわめて限られた知識しか持っていません。また、先輩などからの間違った知識やチーム内の人間関係から痛みを口に出せないこともあります。この実践では、まず生徒がスポーツ傷害を理解し、その影響や有効な予防方法であるストレッチ、アイシングについて生きて働く知識を獲得しています。

### 体の硬さチェックを通して、自分の体の特徴を知る
　自分自身の体の状態をチェックすることで、自分の体に興味を持つとともに、体に硬い部分があることを知って自分事として捉えることができるようになります。体の硬さがスポーツ傷害と関連することを知り、スポーツ傷害に対する危機感が高まって予防への動機づけが向上します。また、自分の体の状態をチェックする自己効力感を得ることにもつながります。

### ストレッチとアイシングの有効性と具体的な方法を学ぶ
　自分自身の課題を有効にコントロールできる手段を持つことが、行動実践につながります。体の硬い部分に対する上手なストレッチの方法を知ることで、その有効性や自己効力感が得られます。ストレッチを実施しながら、徐々に硬さが改善していく様子を視覚的に観察することで、ストレッチの有効性を感じ取ることができます。また、すでに痛みがある場合には、アイシングの有効性と正しいやり方を教えることで、痛みをコントロールすることの重要性や自己効力感が高まります。
　この実践では、スポーツ傷害についての生徒の知識を高め、体のチェックと有効なコントロールのスキルを獲得できるよう、生徒に丁寧に働きかけています。

## 実践⑪ 高校生のスマートフォン使用の問題を考えよう

対象：高等学校　指導方法：集団＋個別

---

**保健指導の背景** …… 健康課題の把握、指導のねらい、概略

　携帯電話の普及と進化は急速で、今では高校生の約9割がスマートフォン（以下スマホ）を所有するようになりました。スマホの普及により、携帯電話でのインターネット利用が広がり、高校生の携帯電話の使用実態も様変わりしてきています。以前より問題が指摘されていた携帯電話依存傾向の問題、同時に生活習慣への影響等もより深刻化してきています。

　A高校では、夜遅くまでスマホ（携帯電話）を使用することによる生活の乱れから体調不良になり保健室に来室する生徒や、ネットトラブル等の相談で来室する生徒が増えてきている実態がありました。そこで、生徒が自分のスマホ（携帯電話）依存傾向の実態を知り、予防および改善に取り組んでいけるようにするための指導を実践しました。

---

### 指導のアウトライン（集団指導）

```
   スマホ（携帯電話）使用実態把握
       │                │
   1、3年対象          2年生対象
       │                │
       │              集団指導
       │                │
       │          集団指導をきっかけに
       │          個別指導へつなげる
       │                │
   日頃から、スマホ（携帯電話）
   の問題を意識しながら健康観察
   や保健室来室時の対応を行い、
   個別指導につなげる。
       │                │
       └──→「ケータイ・スマホDIARY」←──┘
                   │
        結果を見て必要と
        思われる生徒対象
                   │
                個別指導
```

### 工夫点・行動変容に結びつけるポイント

● 教職員の理解・協力を得て、生徒の使用実態調査を実施し、調査結果から問題点を明らかにします。

　※環境づくり

● 予防・改善のための授業時間を確保します。
● 依存傾向尺度を用い、自分の依存傾向得点とレベルを確認させます。

　※自分事としての認識

● 依存傾向と健康問題との関連を説明します。

　※重大性の認識

● 予防・改善の方法を考えさせます。

　※問題解決の方法を探る

● ケータイ・スマホDIARYを紹介し実施させます。

　※セルフモニタリング・問題解決のステップ

● 「ケータイ・スマホDIARY」、ワークシートを活用した個別指導を行います。

## 行動変容を引き出す　実践⑪
### 高校生のスマートフォン使用の問題を考えよう

◇　使用するワークシート・資料
（CD－ROMの「11_smartphone」フォルダに入っています。〈　〉はファイル名です）

①意識確認シート
〈1_ishiki.pdf（xlsx）〉

②ワークシート
〈2_worksheet.pdf（docx）〉

③依存傾向測定シート
〈3_izon.pdf（docx）〉

④スマホ・ケータイ DIARY A
（集団指導用）
〈4_diary_a.pdf（docx）〉

⑤スマホ・ケータイ DIARY B
（個別指導用）
〈5_diary_b.pdf（docx）〉

## 実践の環境づくり（実態把握・啓発・提案等）

### 1 教職員の理解・協力を得る

①職員会議や保健室利用状況報告などの機会を活用し、生徒のスマホ（携帯電話）使用実態や健康管理の側面からの問題を教職員へ提示し、適切な使用のための指導の必要性を協議する。

**環境づくり【太陽図】**
スマホ（携帯電話）使用に関しては、生徒指導的側面や、機能の活用、モラルなどの情報教育の側面からさまざまな問題が指摘されているため、生徒指導部や情報科の教員との連携は不可欠です。

②学年や保健部、生徒指導部、情報科など、関係組織の協力を得て、指導実践に向けた実態調査や指導時間の確保を図る。

※実態調査の主な内容
・スマホ（携帯電話）の使用目的
・スマホ（携帯電話）の使用時間
・現在の心身の状態など

**環境づくり【太陽図】**
生徒のスマホ（携帯電話）使用に関する問題を全教職員で共有することで、実態調査実施に関しても、項目の検討から集計・分析までを学校全体で取り組むことが可能になります。

## 集団指導の流れ

### 2 2年生対象にクラス単位で保健指導

①意識確認シートを配布して、スマホ（携帯電話）使用に対する意識を確認する。
・スマホ（携帯電話）依存は体に良い影響がある、悪い影響がある、自分は依存があると思う、使用を控えようと思っているなどのスマホ（携帯電話）使用についての考えや感じ方のレベルを10段階で確認させる。

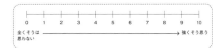

① スマートフォン（携帯電話）使用について

★スマートフォン（携帯電話）の使用に関して、あなたが感じたり思ったりしていることのレベルはどのくらいですか？
「全くそうは思わない」を「0」、「強くそう思う」を「10」として、そのレベルを0〜10の数字で下記の質問の枠内に記入してください。

・調査の目的は、今後の保健指導の参考にすることなので、じっくり考えて答えてください。
・スマホ（携帯電話）を持っている人は全項目に答えてください（23番まで）。
・持っていない人は、1〜9番のみ答えてください。
・授業の前と後に記入してください。

| | 質問内容 | レベルの数字 | |
|---|---|---|---|
| | | 授業前 | 授業後 |
| 1 | スマホ・携帯依存は体に良い影響をあたえる | | |
| 2 | スマホ・携帯依存は体に悪い影響をあたえる | | |
| 3 | スマホ・携帯依存は心に良い影響をあたえる | | |
| 4 | スマホ・携帯依存は心に悪い影響をあたえる | | |
| 5 | スマホ・携帯依存はコミュニケーションに良い影響をあたえる | | |
| 6 | スマホ・携帯依存はコミュニケーションに悪い影響をあたえる | | |
| 7 | スマホ・携帯依存は人間関係に良い影響をあたえる | | |
| 8 | スマホ・携帯依存は人間関係に悪い影響をあたえる | | |
| 9 | スマホ・携帯依存は危険な行動に結びつく | | |
| 10 | 自分はスマホ・携帯依存があると思う | | |
| 11 | 使用時間を少なくしたい | | |
| 12 | 夜の使用を控えたい | | |
| 13 | LINE などのトーク（送信）を控えたい | | |
| 14 | LINE などのトーク（返信）を控えたい | | |
| 15 | ゲームを控えたい | | |
| 16 | インターネット検索を控えたい | | |
| 17 | ブログ・プロフ・ツイッター等の投稿を控えたい | | |
| 18 | ブログ・プロフ・ツイッター等を読むのを控えたい | | |
| 19 | スマホ・携帯ではなく直接会話をしたい | | |
| 20 | 暇つぶしに開くことをやめたい | | |
| 21 | 常に持ち歩くことを控えたい | | |
| 22 | スマホ・携帯に頼らないようにしたい | | |
| 23 | 自分はスマホ・携帯依存にならない自信がある | | |

# 行動変容を引き出す 実践⑪
## 高校生のスマートフォン使用の問題を考えよう

② スマホ（携帯電話）使用に関する実態調査結果を発表する。
- 調査結果から生徒の使用実態を示し、自分の使用状況を意識させ、スマホ（携帯電話）の良い面と悪い面について考えさせて、ワークシートを配布して記入させる。
- 携帯電話の進化や普及は急速であり、それに付随する問題も深刻化していること、スマホの普及でインターネット利用が広がり、さらに問題が増えてきたことを指導する。

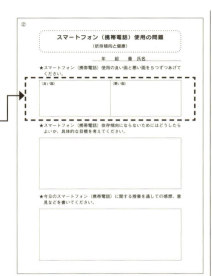

③ 依存傾向測定シートを配布し、依存傾向得点とレベルを確認する。
- 「依存」という状態は、長時間使用しているだけではなく、LINEやゲームに夢中になるなど、スマホ（携帯電話）の使用により、心身の問題が起きたり現実の普通の生活において優先する・させるべきことができなかったりしてしまう状態であることを説明する。
- 「習慣的依存傾向」は、惰性的で長時間の使用習慣や、使用制限に対する不安やコントロールが難しい状況が考えられることを説明する。
- 「心的依存傾向」は、スマホ（携帯電話）の使用が優先され、日常生活の中での重要事項の軽視や現実問題からの逃避が起きている状況が考えられることを説明する。

自分事としての自覚【バルーン図】

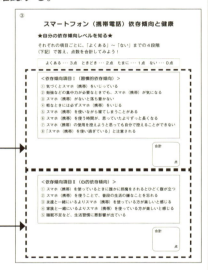

④ スマホ（携帯電話）依存傾向と健康との関連を説明する。
- スマホ（携帯電話）への依存傾向が高いグループは、低いグループに比べて健康状態が悪化している割合が高いことを知らせる。
  ※参考：「高校生のスマートフォン・アプリ利用とネット依存傾向に関する調査」総務省情報通信政策研究所 ,2014

重大性の認識【バルーン図】
実際のデータを示し（知識・情報の提供）ながら、依存傾向が心身の健康問題等に関係していることを確認させます。

- 「実践の環境づくり」（164ページ）の中で行った実態調査をまとめた結果を発表し、自校の実態もからめて知らせるとよい。

実践編

⑤グループをつくり、依存傾向にならないようにする方法を話し合う。
- 依存傾向と心身の健康問題等との関係を踏まえ、スマホ（携帯電話）がない生活に戻ることは現実的はでないことから、依存傾向にならない（行動のプラス面）ように使っていくにはどうすればいいか、具体的な方法を話し合う。
- その行動をとるために問題・障害となること（行動のマイナス面）を挙げさせ、それらは解決できることに気づかせるようにする。

問題解決の方法を探る【PDCA サイクル図】

---
**実際にグループワークで出た意見**
- 使用時間の制限の具体的な意見：今より30分〜1時間減らす、集中するときは携帯電話を預ける
- 使用を制限するための具体的な工夫：やるべきことが終わるまでは電源や着信音を切る、充電を満タンにしない
- 生活習慣を守るようにするための具体的な意見：眠くなったら寝る、睡眠時間は確保する
- 生活を充実させるための具体的な意見：趣味、やりたいことを見つける
- 人間関係・コミュニケーションを大切にするための具体的な意見：友達や家族と話すようにする、友達の前では使わない

---

⑥グループで出た意見を全体で発表する。
- 自分たちの話し合いの中には出てこなかったような意見を聞くことで、自分の考えを深めさせる。
- グループワークや全体で出た意見をもとに、スマホ（携帯電話）依存傾向にならないためにはどうしたらよいか、自分でもできそうな具体的な目標を考えてワークシートに記入する。

目標設定【PDCA サイクル図】

⑦生徒から出た意見と関連づけながら、スマホ（携帯電話）の依存傾向にならないためのポイントとなることを示す。

---
**スマホ（携帯電話）の依存傾向にならないためのポイント**
○対面でのコミュニケーションができる人間関係が大切
○部活動や趣味に打ち込む、目標を見つけるなど、実生活を充実させる
○今日の授業のように、知識としてスマホ（携帯電話）の影響を知ることや、自分のスマホ（携帯電話）の使用状況を確認することも大切

# 行動変容を引き出す　実践⑪
## 高校生のスマートフォン使用の問題を考えよう

⑧意識確認シートを再度使って授業後の意識の変化を確認し、ワークシートに感想を書かせる。
・心配なことや質問があったらワークシートの感想に書いてもいいし、いつでも保健室に来てほしいと伝える。

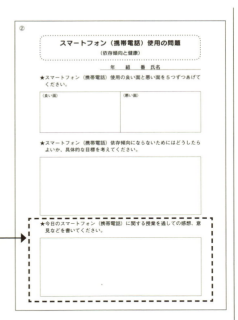

**実際に指導を行った生徒の授業後の感想に書かれた内容**
・自分自身の依存傾向を認識するきっかけとなった
・依存傾向の問題点を認識できた
・依存傾向改善へ向け意識や行動を変える決意をした
・依存傾向が低くても可能性があると思ったので気をつけていきたい

⑨自分のスマホ（携帯電話）の使用状況を知る手段として、「スマホ・ケータイDIARY A」を配布し、生徒に1週間チャレンジさせる。

・授業時に自分で考えた具体的な使用目標を書かせる。

・使用目標に対して、スマホ（携帯電話）の使用状況を1週間セルフモニタリングするよう指導する。

・1週間後、全体を通した感想を記入し、提出するよう指導する。

**セルフモニタリング【PDCAサイクル図】**

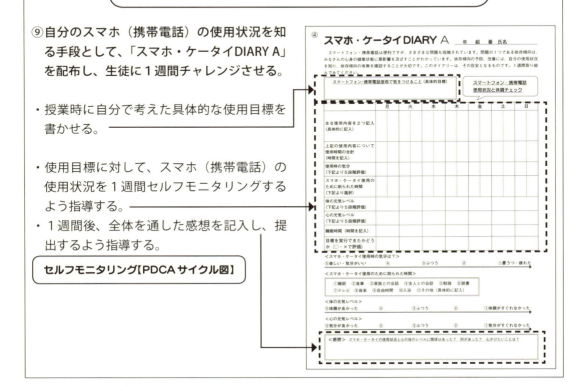

167

# 個別指導の流れ

## 1 「スマホ・ケータイDIARY」の実践後の指導

- 結果を見て、必要と思われる生徒に関しては、個別指導を行う。
- 感想の中から、行動を継続させるための励みや解決すべき問題を確認して、支援する。

## 2 ワークシートからの個別指導

- 授業に関することやスマホ（携帯電話）に関して心配なこと・質問をワークシートに書いた生徒がいたら、保健室に呼んで、個別の保健指導につなげる。
- 授業後本人が相談に来た場合も、継続指導を行う。

## 3 集団指導を行わなかった生徒への個別指導

- 夜遅くまでスマホ（携帯電話）を使用することによる生活の乱れから体調不良になり来室する生徒に対しては、集団指導で行ったときと同様に依存傾向と健康問題との関係についてのデータや事例を紹介し、「スマホ・ケータイDIARY」にチャレンジさせることもできる。

- その場合は、まずは目標記入欄を外した「スマホ・ケータイDIARY B」を使用するとよい。

- 一週間の使用状況をセルフチェックさせて、使用状況の見直しと目標設定を支援する。

**セルフモニタリング・目標設定【PDCAサイクル図】**
自分の使用状況を客観的に把握するためにセルフモニタリングを行い、目標設定・実践につなげます。

実践編

## 行動変容に結びつけるポイント

　毎日の生活の中で多くの人がスマートフォン（スマホ）を利用し、インターネットを活用しています。インターネットの便利さ、数え切れないほど多くのアプリ、そして娯楽性は多くの人々の興味をひきつけています。近年では高校生の多くがスマートフォンを所有し、生徒たちの必須アイテムといっても過言ではありません。しかし、便利なスマートフォンや携帯電話もネットトラブルや生活習慣の乱れ、依存傾向の原因になるなど、さまざまな問題性が指摘されています。この実践では、学校における生徒の使用実態調査をもとに、依存傾向に着目した保健指導を行っています。

**実態調査による説得力のあるデータの活用**
　学校全体の協力体制を構築するには、説得力のあるデータを有効に示すことにより、教職員の理解を高める必要があります。この実践では、生徒の実態調査を通して学校全体として問題の「重要性」を共有することが可能になり、指導時間の確保や校内の関連組織の協力、連携による指導の実施体制が整いました。学校全体を巻き込んだ指導環境の構築により、組織的で充実した保健指導の実施に至りました。保健指導の「環境づくり」の重要性を示している実践例です。

**自己の依存傾向測定を取り入れ、実態調査から見られた問題性を伝える**
　生徒は自分自身の使用状況については問題性を感じていないかも知れません。しかし、依存傾向測定シートを用いて自己の依存傾向を客観的に評価し、確認することを通して、より明確に「自分事」として自分の使用状況を見つめ直すことができるようになります。さらに、依存傾向と健康問題との関連など、自分たちの実態調査からわかったさまざまな問題性を知ることで危機感が高まり、同時に依存傾向を予防・改善しようとする意欲が高まります。

**セルフモニタリングを通して自分への影響に気づく**
　「スマホ・ケータイ DIARY」によって、生徒が自己の使用状況を客観的に見つめ直し、健康や生活への影響に気づくことを可能にします。ふだん何気なく行っている行動も、振り返って確認することで問題を見出したり、改善すべき点が見えてきたりします。セルフモニタリングの有効な活用方法のひとつです。特に、心身の「元気レベル」や「睡眠時間」、「けずられた時間」の項目が含まれていることで、これらに意識を向け、自分の生活がいかにスマホ・ケータイに左右されていたかについて考える機会になります。

# 実践⑫ 「SLEEP DIARY」で生活習慣を振り返る

対象：高校生　指導方法：個別

**保健指導の背景** …… 健康課題の把握、指導のねらい、概略

　高校生は、小・中学校のときから基本的な生活習慣について繰り返し指導を受けてきて、その重要性は十分に理解しています。しかし、目先のことにとらわれて行動に結びつかず、特に睡眠不足から体調不良を起こし、学校生活に支障をきたす生徒が少なくありません。自立を促していく年齢である高校生に、自分の生活習慣を見直して改善させるきっかけとなる指導の工夫が大切であると考えています。

　A高校は生活習慣の乱れから、睡眠不足による体調不良で来室する生徒が多い実態がありました。また、不眠を訴え来室する生徒もいました。それらの背景はさまざまですが、生活習慣を見直す一つのきっかけとするために「SLEEP DIARY（睡眠の記録）」を活用し、健康管理のための個別指導を実践しました。

## 指導のアウトライン（集団指導）

- 保健室来室時の問診・訴え
  - 体調不良の訴え
  - 不眠の訴え
- 「SLEEP DIARY」1枚目の説明
- 「SLEEP DIARY」
- 養護教諭による個別保健指導と支援の継続

## 工夫点・行動変容に結びつけるポイント

- 保健室来室時の問診により、不眠や体調不良など、本人の訴えとその背景にあるものを探ります。
  - ※自分事として認識・重大性の認識
- 睡眠習慣に問題があると思われる場合は、睡眠習慣を見直す指導を行います（睡眠習慣に問題がない場合は、食生活など、ほかの問題を探っていきます）。
- 体調不良の訴えの場合は、「SLEEP DIARY 1」の内容を示し、睡眠不足が体調不良に影響していることに気づかせ、チャレンジさせます。
- 不眠の訴えの場合は、「SLEEP DIARY 1～3」を渡し、1週間チャレンジするように促し、自分の睡眠習慣を客観的に振り返らせます。
- 1週間「SLEEP DIARY」をつけて自分の生活習慣を振り返り、改善すべき点を確認させます。
  - ※セルフモニタリング・問題解決のステップ
- 「SLEEP DIARY」にチャレンジしてわかった改善すべき習慣等について、情報やアドバイスを提供し、具体的な目標を設定させ実践の支援を継続します。
  - ※養護教諭による社会的サポート

# 行動変容を引き出す 実践⑫
## 「SLEEP DIARY」で生活習慣を振り返る

◇ 使用するワークシート・資料
（ＣＤ－ＲＯＭの「12_sleep」フォルダに入っています。〈 〉はファイル名です）

① 「SLEEP DIARY 1」
〈1_sleep1.pdf（docx）〉

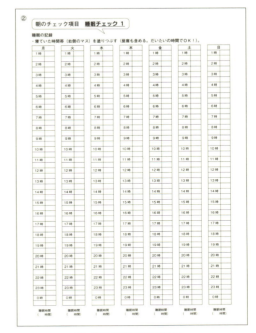

② 「SLEEP DIARY 2」
〈2_sleep2.pdf（xlsx）〉

③ 「SLEEP DIARY 3」
〈3_sleep3.pdf（docx）〉

171

## 実践の環境づくり（実態把握・啓発・提案等）

①職員会議等で保健室の利用状況の報告とともに提案する。
②生徒指導部や学年に働きかけ、遅刻の多い生徒に対して、生活習慣見直しのため、担任と連携して実践できるよう計画を立てる。

## 個別指導の流れ

### 1 保健室来室時の問診

来室者問診カード等を利用しながら、就寝・起床時刻や睡眠時間、帰宅後の過ごし方などを丁寧に問診し、本人の訴えの背景にあるものを探る。

★体調不良で来室した場合
① 「SLEEP DIARY 1～3」を渡す。
② 「SLEEP DIARY 1」の睡眠に関する資料を示しながら、睡眠不足が体に及ぼす影響について説明し、生活習慣を見直す必要性を自覚させる。

③体調不良の原因に睡眠不足が影響していることを気づかせる。

[自分事・重大性の認識【バルーン図】]

④ 「SLEEP DIARY 1～3」の1週間チャレンジを促す。

★不眠の訴えで来室した場合
「SLEEP DIARY 1～3」を渡してチャレンジを促す。
・本当に眠れていないのか、睡眠を妨げる生活習慣がないかなど、自分の睡眠習慣を客観的に振り返らせる。
・「SLEEP DIARY 1」の1枚目にある「よい眠りのために」などの情報や実際に解決できたほかの生徒の事例を紹介し、解決に向かっていけるように支援する。

[問題解決【PDCA サイクル図】]

行動変容を引き出す　実践⑫
「SLEEP DIARY」で生活習慣を振り返る

## 2「SLEEP DIARY」にチャレンジ（「SLEEP DIARY」の使い方）

①「SLEEP DIARY 1」に帰宅時間、帰宅までの過ごし方、夕食の時間を記入する。
- 就寝時刻に影響するような過ごし方をしていないかを気づかせる。

②布団に入った時間、布団に入る前の過ごし方を記入する。
- 睡眠に影響を与えている習慣や行動をしていないかをチェックさせる。

> **セルフモニタリング【PDCA サイクル図】**
> 自分の睡眠習慣に影響する要因への気づき

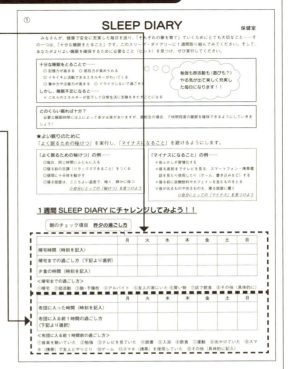

③「SLEEP DIARY 2」の「睡眠の記録」の時刻の右にあるマスに睡眠時間を塗りつぶして記録する。
- 1週間の睡眠の状況が一目でわかるようになっていて、ここから1週間の睡眠のリズムや時間を確認させる。

> **セルフモニタリング【PDCA サイクル図】**
> 自分の睡眠の実態への気づき、不眠の原因と解決策の検討

実践編

173

④「SLEEP DIARY 3」に昨日の寝つきがよかったか、夜中目覚めたかどうかを記入する。
- よい睡眠を妨げる原因を具体的に見つけられるようにする。
- 特に、不眠を訴えて来室した生徒は、よく眠れなかったと感じた日の記録をもとに不眠の原因と思われる習慣を見つけ、その解決のためにはどうしたらいいのかを考えさせる。

⑤昼間のレベルを元気度・覚醒度・集中度の観点でそれぞれ5段階の評価をする。
- 前日の睡眠との関連を確認させる。
- 特に体調不良で来室した生徒の場合、睡眠の時間や質がその日の元気度・覚醒度・集中度に影響していることに気づかせ、体調不良の原因にもなることに気づかせる。

一週間継続が難しそうな生徒に対しては、毎日保健室に来て記入することを提案してみます。

⑥チャレンジした1週間のうち、睡眠時間が一番長かった日と短かった日の元気度を振り返る。
- 睡眠時間と元気度の関連を確認しながら改善の必要性に気づかせる。

⑦改善点を見つけ、具体的な改善に向けた目標を設定させる。
- 何のために改善したいのかの最終目標を確認させ、実現可能ななるべく具体的な目標になるようにアドバイスする。目標は自分で設定させる。

目標設定【PDCAサイクル図】

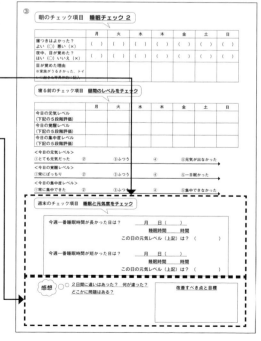

## 3 個別保健指導と支援の継続

① 「SLEEP DIARY」にチャレンジしてわかった改善すべき習慣等について情報やアドバイスを提供し、具体的な目標を考えさせる。

　養護教諭からの社会的サポート【PDCA サイクル図】

② 目標を設定して、再度「SLEEP DIARY」にチャレンジさせ、実践の支援をする。
・本人が自己評価したことに対しては、努力や改善された部分を引き出し、継続の意欲につなげる。新たな問題が見つかった場合は、その解決を支援する。

③ 「SLEEP DIARY」の実践状況の振り返りと評価を行う。
・必要に応じて保健指導と支援を継続する。

　セルフモニタリング・問題解決・社会的サポートの継続【PDCA サイクル図】

次のページからは、実際に高校で「SLEEP DIARY」を使用した事例を紹介します。
体調不良や不眠を訴えて保健室に来室した生徒が書いた「SLEEP DIARY」を一部紹介し、そこから見えた問題や目標設定について解説しています（本書の CD-ROM に入っているものと形が若干異なっています）。

## 1 体調不良で来室した生徒

※問診でアルバイトをしていることがわかり「SLEEP DIARY」にチャレンジ

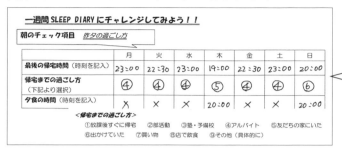

アルバイト（項目④）で帰宅時間が遅い。

布団に入ってもスマートフォンをいじっており（項目⑧⑩）、睡眠時間が少ないことが判明。

　睡眠時間の確保に、アルバイトとスマートフォンの使用時間を減らすのが一番であることを本人と確認したが、どちらも減らしたくない気持ちが強かった。
　体調不良が成績や進路に響くことや自分の体の疲れを自覚させるために、まずはアルバイトの日数を減らすことを目標にした。

# 行動変容を引き出す 実践⑫
## 「SLEEP DIARY」で生活習慣を振り返る

※アルバイトの日数を減らし、再度「SLEEP DIARY」にチャレンジ

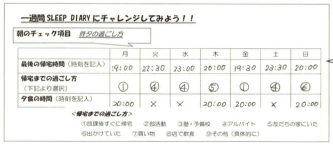

アルバイト（項目④）が無い日は帰宅時間が早くなり、夕食も自宅でとれている。

初回のチャレンジより早く寝て、睡眠時間が増えた日が多いが、まだ布団に入ってもスマートフォンをいじってしまう（項目⑧⑩）日もある。

　睡眠時間も増え、体調も改善した。そこで、アルバイト代は欲しいが、成績も心配であることから、本人の進路実現にはどうしたらいいのかを考えさせ、アルバイトを辞めることになった。
　しかし、まだ時間があるとついスマートフォンを使い過ぎてしまうため、今の睡眠時間を維持できるようなスマートフォンの使用をするための目標設定を促した。

## 2 不眠を訴えて来室した生徒

※不眠の原因を見つけるために「SLEEP DIARY」にチャレンジ

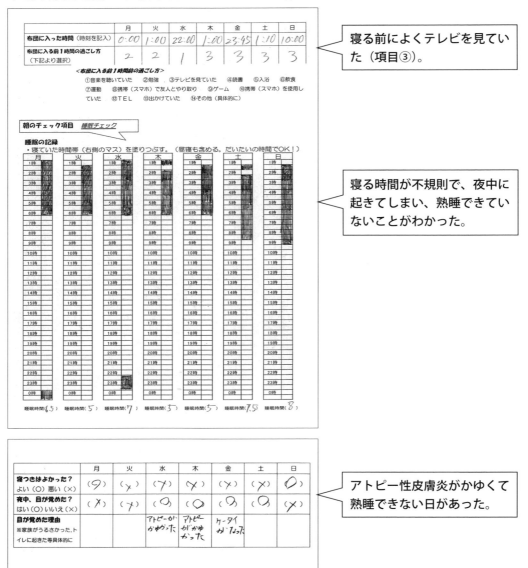

受験勉強でゆっくりと寝られないが、眠れないと体調が悪くなり勉強ができなくなる、集中できないとテレビを見てしまう、という悪循環を抱えており、まずは、そのことを整理してアドバイスをした。

また、忙しくてアトピー性皮膚炎を治療するために病院に行けないが、イライラするとかゆみが増すため、アトピー性皮膚炎の治療を受けることにした。そして、放課後、学校か図書館で勉強する時間を確保し、夜は決まった時間に布団に入ることを目標に再度チャレンジを促した。

# 行動変容を引き出す 実践⑫
## 「SLEEP DIARY」で生活習慣を振り返る

※「アトピー性皮膚炎を治療するために病院に行く」「決まった時間に布団に入る」ことを目標に再度「SLEEP DIARY」にチャレンジ

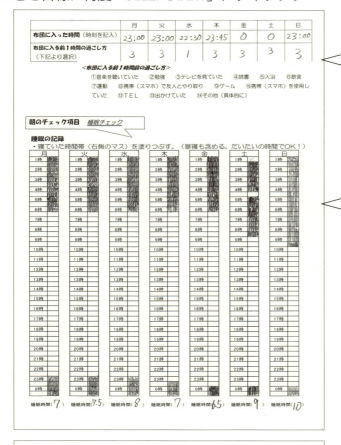

決まった時間に布団に入る努力はしたが、寝る前にテレビを見てしまう（項目③）ことで寝る時間が前後してしまった。

就寝時刻が早くなったことで、初回のチャレンジより睡眠時間も増えた。

アトピー性皮膚炎がかゆくて、夜中に目が覚めることがなくなった。

　アトピー性皮膚炎の治療を受けながら、再度チャレンジした。アトピー性皮膚炎は楽になり、睡眠のリズムの大切さもわかったが、就寝前にはついテレビを見てしまっていた。
　そこで、受験勉強が終わるまでは自分の部屋にテレビを置くのをやめて、どうしても見たい番組は録画して見るようにして、寝る前に見ないように目標を立て直すことにした。

## 行動変容に結びつけるポイント

> 　児童生徒の基本的生活習慣の悪化は、心身の健康に大変大きなダメージを与えます。特に、夜更かし傾向、睡眠時間の不足、睡眠の質の低下など、睡眠習慣の悪化は発育期の子どもの健康や発達、そして学校や家庭における学びに支障をきたします。更に中学生や高校生では、受験勉強や塾通い、インターネットやスマートフォンの使用、夜遅いテレビ番組の視聴、アルバイトなどによって睡眠習慣は乱れがちです。
> 　この実践は高校生の睡眠習慣の改善に着目し、睡眠習慣の乱れから体調不良をきたした生徒の個別指導に「SLEEP DIARY」(セルフモニタリング) を活用した実践です。実践を通して生徒が自ら睡眠習慣悪化の原因に気づく過程や、セルフモニタリングの情報が問題解決に活用された事例が紹介されています。

### 「SLEEP DIARY」への取り組みから自分の生活の課題を見つけさせる

　「SLEEP DIALY」は、よい睡眠習慣への気づきを促すためのさまざまな情報を含んだセルフモニタリング・シートです。1ページ目のシートでは十分な睡眠の重要性とよく眠るための秘訣を紹介し、よい眠りに向けた行動変容の参考になる情報を提供しています。また、自分の睡眠習慣を1週間チェックするとともに、帰宅前や寝る前の行動との関連づけにより、コントロールすべき生活行動を見定めることができます。このように、自分の睡眠習慣と影響要因を知り、問題解決を図る手がかりを得ることができます。

### 睡眠の状態・質・心身の健康状態について知り、睡眠習慣改善の重要性を理解する

　2〜3枚目のシートでは睡眠の状態・質・健康状態等との関連を知ることができます。何時に寝たのか、寝つきや目覚め、熟睡の状態はどうだったのか、集中や元気のレベルはどうだったのか、自分の毎日の睡眠状態が健康や集中力の源になっていることに気づくことができる構成になっています。

　生徒は毎日のセルフモニタリングをしながら、よい睡眠がとれた日の体調のよさに気づき、睡眠が不十分な日の集中力のなさを感じ、睡眠と健康との因果関係に気づきます。睡眠習慣の重要性と睡眠習慣改善の有効性を体感しながら腑に落ちる理解に至ることができます。

### セルフモニタリングを問題解決につなげる

　セルフモニタリングの情報から、「アトピー性皮膚炎」や「テレビ」が睡眠習慣に大きく関わることが明らかになり、その情報を問題解決に上手に活用した事例が紹介されています。個人ごとで異なる障害(PDCAサイクル図の「おもり」)をセルフモニタリングで明らかにすることで、個に応じた支援につなげることができます。

# おわりに

　「行動科学の考え方」を生かした健康教育の授業実践を続けてすでに10年以上がたちました。2011年には『行動科学を生かした保健の授業づくり』を発刊し、多くの学校現場の先生方にも活用していただけるようになり、「子どもたちがやる気になってきた」「学びを行動変容につなげやすい」「授業をスムーズに進められる」などの声もたくさん聞かれるようになってきました。

　授業実践を続けながら、同時に養護教諭が行動変容を促す健康教育の原点は、保健室で子どもたちと交わす会話にあるとも感じていました。体調を崩したりけがをしたりして保健室に来室する子どもたちに、問診をしながら行う保健指導は、現実の健康課題を前に、行動変容を促す働きかけです。子どもたちがまだ気づいていない潜在的な健康課題を、自分事として捉えさせる絶好のチャンスでもあります。その働きかけは、「行動科学の考え方」を活用して整理したり、視覚的な資料を用いたりして養護教諭が意識的に行うことで、生活行動を改善させる動機づけとなったり、改善のための努力を長続きさせるサポートとなったりすることを実感してきました。子どもに健康課題の重要性と重大性を認識させて自分事として捉えさせ、生きて働く知識を提供し、問題解決の方法を一緒に考え、子どもが解決の意思決定をし、目標や計画を立てて取り組めるようにサポートしていく保健指導の流れは、心身の健康に関する専門的な知識を有する養護教諭の腕の見せ所です。

　そこで本書では、養護教諭がその特性を生かして行う保健指導に焦点を当てています。「行動科学の考え方」の理論編は前書からさらに洗練され、保健指導において子どもたちの行動を変容させるためのさまざまな働きかけと理論的な裏づけを、わかりやすい解説とともに示しています。

　実践編では、8人の養護教諭が、実践をもとに豊富なワークシートや教材を使って展開する「行動科学の考え方」を生かした集団・個別の保健指導を紹介しました。養護教諭が日常的に保健室で子どもたちと接する中で捉える睡眠や食習慣、排便などの生活習慣の問題への働きかけのほか、視力低下や歯科保健の問題、スポーツ傷害の予防、スマートフォンやインターネットなどの現代的な健康課題についても実践例を数多く紹介しています。また自己効力感に焦点を当てた性の指導やリラクセーション呼吸法など、心の健康問題の予防に活用できる実践例も取り上げています。実践の環境づくりとして、校内で事前調査や啓発活動を行い、ほかの教職員との協力体制を構築し、集団指導を、さらに個別の健康課題に合わせて個別指導を行うようにした実践例が多いのも、学校保健活動でコーディネート的な役割を果たす養護教諭ならではの視点です。また家庭と連携して支援できるように、指導の流れや教材、ワークシートの工夫を行っています。

　本書は、保健室や学級を舞台に積極的に健康教育を行う先生方のお役に立つものと確信しています。明日からの実践に使える多様な教材やワークシートがＣＤ－ＲＯＭに収録されています。ぜひご活用いただき、子どもたちが自分の健やかな未来のために、自ら行動する力を育む保健指導を展開していただければ幸いです。

　おわりに、執筆に当たりお骨折りいただいた少年写真新聞社の皆様、特に豊島様に、深く感謝いたします。

齋藤　久美

# 索引

## 【あ】
アイシング……………………159,160,161
生きて働く知識…………………22,27,44
維持期………………………………17
意思決定バランス………………………31,40
インターネット（依存）……50,51,52,132,134,135,136,137,138,139
インフルエンザ………………………25,29,41
応急手当……………………………104,107,108

## 【か】
外発的動機づけ……………………………78
学習性無力感理論……………………82,83
可視化……………………………………31
体の硬さチェック……………154,155,157
環境づくり……………83,84,85,97,169
関心期………………………………16,17
聞き返し（Reflective Listening）……51,53
危機感………………………23,24,26,27,169
疑似体験………………………………35,109
期待感……………………………………23,24
逆条件づけ……………………………19,67
強化（マネジメント）…………………19,70
けが………104,106,108,109,148,151,154,156,159
結果予期………………………………32,33
原因帰属………………………………74,83
健康行動の習慣化………………………14,76
言語的説得………………………………37
行動期……………………………………17
行動実践…………………………………48,58
行動的プロセス………………………17,18,19
行動のコントロール……………………63,64
行動変容…………………………10,11,12,13,14

行動変容ステージモデル……………16
行動リハーサル……………………35,59
呼吸法…………140,142,143,144,145,147
コミットメント…………………19,48,49
コミュニケーション………50,53,73,81,86,124,126,128,130,131,132

## 【さ】
サポート資源……………………………72,73
参加的モデリング………………………36
シェイピング法…………………………35
刺激コントロール………………………19,66
自己強化………………………………71,153
自己教示法………………………………69
自己契約法………………………………71
自己決定（理論）……………………78,80,81
自己効力感……32,33,34,36,37,43,44,57,83,97,109,117,131,147,161
自己実現……………………………8,9,11,43
自己有能感………………………………42
自信スケール……………………………47
自尊感情……………………………42,43,44
失敗経験…………………………………69
歯肉炎……………………118,120,121,122,123
自分事…22,26,30,44,46,97,103,139,161,169
社会的サポート…………………37,72,73,97
重大性（重要性）…23,24,26,30,97,103,139
重要性スケール…………………………47
準備期………………………………16,17
情緒的サポート…………………………72
自律性……………………………………81,83
自律的動機づけ…………………………79,80
視力……………………92,93,94,95,96,97
心理的欲求………………………………79,80

睡眠… 17,170,172,173,174,176,177,179,180
ストレッチ…45,48,154,156,158,159,160,161
スポーツ傷害………………… 153,154,156,161
スポーツ障害……………………………45,48
スマートフォン（スマホ）… 132,162,163,
　164,165,166,167,168,169
生活習慣…… 110,114,117,151,154,170,172
成功体験…………… 34,43,57,79,109,117
生理的・情動的状態……………………… 37
是認（Affirmations）…………………51,53
セルフトーク………………………68,69,153
セルフモニタリング……… 60,61,62,63,65,
　70,72,75,103,139,148,149,152,153,169,180

【た】
太陽図……………………… 13,15,20,88,97
代理的経験……………………………… 36
チェンジ・トーク………………………51,53
朝食………………… 98,100,101,102,103
挑戦意欲………………………………… 56
動機づけ…… 10,12,13,22,25,50,78,109,131
動機づけ面接法……………………… 50,53
道具的サポート………………………… 72
特性要因図（魚の骨図）………………40,41

【な】
内発的動機づけ………………………… 78
認知的プロセス……………………… 17,18

【は】
排便……………… 110,112,114,115,117
バナナうんち…………… 110,113,114,117
バルーン図…………… 12,13,20,44,54,97
PDCAサイクル（図）… 13,14,20,56,58,76,
　97,180
開かれた質問（Open-ended Questions）
　……………………………………51,53
部活動………………………… 148,150,152
腑に落ちる理解………………… 28,117,147
プラス面…………………………… 31,38,39
振り返り……………………………… 74,75
ブレインストーミング………… 29,30,39,65,
　129,136,139
ヘルスプロモーション… 8,15,84,85,86,87
ヘルスプロモーティング・スクール…… 87
変容ステージ……………………………… 16
変容プロセス…………………………17,18

【ま】
マイナス面………………………31,38,40,46
無関心期…………………………………16,17
むし歯……………… 118,120,121,122,123
無力感…………………………………… 83
目標設定…………………………56,57,81,139
モデリング………………………………59,109
問題解決………… 41,60,63,64,103,117,180

【や】
有効性…………… 24,28,44,46,147,161
要約（Summaries）………………………51,53

【ら】
RICE………………………………… 107,160
ライフスキル…………………………… 86
両価性……………………………………50,53
リラクセーション… 67,140,143,144,145,147
ロールプレイング…… 59,124,127,128,129

183

◆監修・執筆　※〈　〉内に執筆した章または実践の番号を表示

**戸部　秀之（とべ　ひでゆき）**

1995　　　　東京大学大学院教育学研究科博士課程修了
1995～1999　大阪教育大学教育学部　助手
1999～2006　埼玉大学教育学部　助教授
2006～　　　埼玉大学教育学部　教授　現在に至る
専門分野：健康教育学、学校保健学
〈第1章～第4章〉

◆実践編監修・執筆

**齋藤　久美（さいとう　くみ）**

国立大学法人筑波大学附属小学校養護教諭
埼玉大学大学院教育学研究科修了（学校保健学専修）
埼玉県鴻巣市、旧大宮市、さいたま市の公立小学校で
養護教諭として勤務した後、2008年より現職。
〈実践①②〉

◆執筆者（執筆順／平成28年2月25日現在）

荻田　晴美　さいたま市立宮原中学校　養護教諭〈実践③⑨⑩〉
辻野　智香　さいたま市教育委員会 学校教育部 健康教育課 指導主事〈実践④〉
鈴木　直美　川口市立川口総合高等学校　養護教諭〈実践⑤⑥〉
青木　美子　加須市立加須平成中学校　養護教諭〈実践⑦〉
宮川　厚子　さいたま市立木崎中学校　養護教諭〈実践⑧〉
長濱　美智子　埼玉大学教育学部附属中学校　養護教諭〈実践⑧〉
村井　伸子　埼玉県立春日部高等学校　養護教諭〈実践⑪⑫〉

---

**自己実現をめざす！ 行動科学を生かした集団・個別の保健指導**

2016年2月25日　初版第1刷 発行

　　　監　著　者　戸部 秀之
　　　著　　　者　齋藤 久美 ほか
　　　発　行　人　松本 恒
　　　発　行　所　株式会社　少年写真新聞社
　　　　　　　　　〒102-8232　東京都千代田区九段南4-7-16 市ヶ谷KTビルⅠ
　　　　　　　　　TEL 03-3264-2624　FAX 03-5276-7785
　　　　　　　　　URL http://www.schoolpress.co.jp/
　　　印　刷　所　図書印刷株式会社
　　　　　　　　　©Hideyuki Tobe　2016 Printed in Japan
　　　　　　　　　ISBN 978-4-87981-553-8 C0037　NDC 375

スタッフ　編集：豊島 大蔵　DTP：金子 恵美　校正：石井 理抄子　イラスト：青山 ゆういち／編集長：東 由香

本書を無断で複写・複製・転載・デジタルデータ化することを禁じます。
落丁・乱丁本は、お取り替えいたします。定価はカバーに表示してあります。